高校辅导员职业化发展
与工作实践研究

孙旭春　著

辽宁大学出版社 Liaoning University Press｜沈阳

图书在版编目（CIP）数据

高校辅导员职业化发展与工作实践研究/孙旭春著
. --沈阳：辽宁大学出版社，2023.10
　　ISBN 978-7-5698-1290-9

　　Ⅰ.①高…　Ⅱ.①孙…　Ⅲ.①高等学校－辅导员－工
作－研究　Ⅳ.①G645.1

中国国家版本馆 CIP 数据核字（2023）第 127757 号

高校辅导员职业化发展与工作实践研究

GAOXIAO FUDAOYUAN ZHIYEHUA FAZHAN YU GONGZUO SHIJIAN YANJIU

出　版　者：辽宁大学出版社有限责任公司
　　　　　　（地址：沈阳市皇姑区崇山中路 66 号　　邮政编码：110036）
印　刷　者：河北万卷印刷有限公司
发　行　者：辽宁大学出版社有限责任公司
幅面尺寸：170mm×240mm
印　　张：12.5
字　　数：217 千字
出版时间：2023 年 10 月第 1 版
印刷时间：2023 年 10 月第 1 次印刷
责任编辑：郝雪娇
封面设计：韩　实
责任校对：冯　蕾

书　　号：ISBN 978-7-5698-1290-9
定　　价：78.00 元

联系电话：024-86864613
邮购热线：024-86830665
网　　址：http://press.lnu.edu.cn

前　言

　　随着改革开放的进一步深化和社会主义市场经济的进一步发展，我国社会经济成分、组织形式、分配方式、利益关系、就业方式等都在不断变化，大学生的思想活动越来越具有独立性、差异性、选择性、多变性，这对他们的自强、创新、成才、创业意识的形成是有益的。大学生世界观、价值观、人生观的形成，大学生就业工作的开展，直接关系到大学生的健康发展。高校辅导员是推动大学生就业的主体和重要的支撑力量，提高高校辅导员职业能力、强化其工作实践非常重要。

　　本书分为七章，系统地对高校辅导员职业化发展与工作实践进行了研究。

　　第一章为理论基础，即高校辅导员与高校辅导员职业化概述，分别从高校辅导员的概念界定、高校辅导员的角色定位、高校辅导员职业化认识、高校辅导员职业化理论基础等方面阐述对高校辅导员与高校辅导员职业化概念的认识。

　　第二章为高校辅导员职业素养与职业道德，主要内容包括高校辅导员职业素养的确立依据、高校辅导员职业道德内容与要求、高校辅导员职业素养养成路径选择、高校辅导员职业道德面临的挑战与建设措施。

　　第三章为高校辅导员的职业能力分析，包括高校辅导员职业能力相关概述、高校辅导员职业能力结构体系、高校辅导员的专业素质培养效果及面临的问题、高校辅导员职业能力提升实践路径。

　　第四章为高校辅导员的工作内容，包括思想政治教育、日常事务管理、学生综合服务、其他方面管理。

　　第五章为高校辅导员工作考核的评估机制构建，主要内容有高校辅导员工作业绩评估的方法和技术、高校辅导员工作绩效考评的效果评估及其在实践中的运用、高校辅导员工作绩效评估机制的构建。

第六章为高校辅导员工作的实践创新，主要内容有高校辅导员工作中人文心理理论的运用、"三全育人"理念下的高校辅导员工作实践、高校辅导员工作实践中相似论的应用与思考。

第七章为高校辅导员职业化发展路径，内容涵盖了高校辅导员职业化发展的动力机理、高校辅导员职业化发展的绩效激励、高校辅导员职业化发展的保障机制。

本书观点明确，论据充分，阐述清晰，深入浅出，既具有理论性与现实性，也具有操作性与指导性；既是对高校辅导员日常工作的梳理，也是对自身理论修养的提升。

本书在编写过程中借鉴了许多专家、学者和其他老师的成果和经验，在此表达我的感激之情！因水平有限，不当之处在所难免，敬请广大读者指正。

目 录

第一章　高校辅导员与高校辅导员职业化概述

第一节　高校辅导员的概念界定

一、高校辅导员的概念内涵

作为大学生教育工作的主体，高校辅导员承担着大学生日常教育、管理、就业指导和服务、生活指导、心理咨询等一系列与大学生成长息息相关的工作，是大学校园文化建设的重要力量，也是高校学生健康发展的向导。目前，我国高等教育正处在一个重要发展阶段，"大众化"作为一种全新的教育方式，其内涵和形式与传统"精英教育"有很大的不同。高等教育要适应大众化、经济和社会发展的需要，必须转变教育理念，优化人才队伍。现在，无论是从国家层面还是从个人角度来看，高校辅导员都是一类具有特殊性的职业。在这样的历史背景下，高校辅导员的专业化发展是国家、高校、辅导员三个方面的需要，是高校辅导员专业化发展的必然趋势。

（一）高校辅导员的概念

高校辅导员作为高校工作人员中的重要成员，与大学生接触最多，因而他们是高校与大学生之间最直接的沟通纽带。在中国现代大学，从学生入学到学习、生活、毕业、就业等各个方面，都离不开高校辅导员的工作。那么，高校辅导员是做什么的？辅导员是指从事学生的思想政治教育、学生日常管理、就业指导、心理健康以及学生党团建设等方面的工作的学校公职人员。"counselor"作为一种职业在欧美国家高校中十分常见，被翻译成"咨询者""指导者"，即专门负责学生事务的专业人士。他们学有专长并且经验丰富，能够为大学生提供专业的指导和顾问服务，而不是对大学生个人负责。它的价值在于引导和辅导学生的全面发展。在中国台湾地区，"counseling"这个名词通常被译作"辅导"或"咨询"。中国香港特别行政区的有关专家也采用"辅导"的译法。

在我国内地，辅导员的全称是"学生政治导师"，它是在特定的历史时期形成的，经历了"政治导师""政治顾问""辅导员"的演变过程。1985年出版的《中国大百科全书·教育》一书中对"学生政治导师"的解释是："中国高校基层政治工作干部，其工作的根本任务是：以中国共产党为领导核心，以学校、系、科为单位，从各个方面全面关心学生的成长。同时，在系（科）、年级内部，统筹各方面的资源，做好大学生的思想工作。"1987年，中共中央发布了《关于改进和加强高等学校思想政治工作的决定》，明确指出辅导员是高校"从事思想政治教育的专职人员，是教师队伍的组成部分，应列为教师编制，实行教师职务聘任制"。《简明思想政治教育辞典》进一步明确了"政治指导员"的职责，即由学校党委指派到各个年级从事基层大学生思想政治工作。通常120个学生由一位政治指导员负责，政治指导员由政治觉悟高、作风端正、理论知识渊博、工作能力强、对学生工作充满热情和富有活力的青年教师、干部或学生中的共产党员担任。《中国普通高等学校德育大纲（试行）》于1995年11月颁布，其中明确规定："辅导员和班主任是日常思想政治教育的直接组织者和协调者。要深入学生，搞好班集体、宿舍和年级工作；组织开展形式多样、生动活泼的教育活动；有针对性地做好深入细致的个别思想工作；加强心理健康和心理素质方面的咨询与指导；等等。"2005年1月，教育部发布了《关于加强高等学校辅导员班主任队伍建设的意见》，明确提出，"辅导员、班主任是高等学校教师队伍的重要组成部分，是高等学校从事德育工作，开展大学生思想政治工作的骨干力量，是大学生健康成长的指导者和引路人"。2017年8月31日，经教育部2017年第32次部长办公会议修订通过的《普通高等学校辅导员队伍建设规定》明确提出："辅导员是开展大学生思想政治教育的骨干力量，是高等学校学生日常思想政治教育和管理工作的组织者、实施者、指导者。辅导员应当努力成为学生成长成才的人生导师和健康生活的知心朋友。"

总之，我们可以看到，辅导员这个概念是与时俱进的，是随时代而变的。尽管对高校辅导员有不同的定义，但人们普遍认为，辅导员负责的是大学生的思想政治工作和管理工作，是大学生德、智、体全面发展的指导者，是大学生思想政治工作的主体。

（二）高校辅导员名称的演变

随着我国高校辅导员制度的不断完善，对这一职务工作者的称呼也从原来的"政治指导员"变成了"政治辅导员""思想政治工作者""德育工作者""高校辅导员"。这个称呼的改变反映了社会的整体历史变迁，反映了我国高等教育尤其是大学生思想政治工作和育人工作的新动向。

1. 政治指导员、辅导员、政工干部——强调"政治工作"

在抗日军事政治大学设立政治指导员制度，是我们党在军事思想政治工作中的一个创新举措，它使我们部队的战斗力得到了很大的提升。

1949 年，中华人民共和国成立以后，为了保证党的各项教育政策的实施，高校要坚持党的全面领导，坚持社会主义办学的基本方向，必须在党委的领导下建立健全高校的政治工作体制。学校党委、政府职能部门、支部、政工干部、政治指导员等构成了一个完整的体系。政治辅导员和专、兼职的政工干部肩负着向学生传播马克思主义和党的理论、主张，宣传党的各项路线、方针、政策的任务，坚持无产阶级政治方向，贯彻执行党的教育方针，提高学生的思想政治觉悟和道德品质，指导学生的政治学习和社会活动。

2. 政治辅导员、思想政治工作队伍、德育队伍——突出"高校思想政治"

党的十一届三中全会以后，我国进入社会主义现代化建设的新时期，高校思想政治工作要培养学生的社会主义觉悟、为祖国四个现代化而努力，树立正确的政治方向，增强对资产阶级的腐朽思想和各种错误思想的抵抗能力，坚持"四个根本"，坚持改革开放，坚持正确的理想信念、人生观、价值观，热爱祖国、热爱社会主义，为人民服务、为中国特色社会主义事业而奋斗。高校辅导员队伍是高校德育工作的核心力量，是为实现以上工作目标而服务的。

20 世纪 90 年代以后，随着我国社会主义市场经济的发展和改革开放的深入，"德育"与"大学生的思想政治教育"呈现出相互指代的趋势。在建设中国特色社会主义新形势和日趋复杂的国际社会环境下，高校要对德育工作重新定位，从单纯的政治教育的内涵向更广阔的德智体美劳的大德育范畴拓展。

1995 年颁发的《中国普通高等学校德育大纲（试行）》（以下简称《大纲》）中确定的德育内容包括十个方面：马克思列宁主义、毛泽东思想和邓小平建设有中国特色社会主义理论教育；爱国主义教育；党的路线方针政策和形势教育；民主、法制教育；人生观教育；道德品质教育；学风教育；劳动教育；审美教育；心理健康教育。《大纲》还正式提出关于德育队伍建设的意见，指出："高等学校德育队伍包括学生专职政工人员、'两课'教师和众多的兼做德育工作的业务课教师和党政干部。学生专职政工人员和'两课'教师都是德育专职教师。要优化队伍结构，建设一支专兼结合、功能互补、政治坚定、业务精湛的德育队伍。""学生专职政工人员是指专职从事学生思想政治教育的人员，包括学校分管德育工作的党委副书记（可兼副校长）、学生工作部（处）、团委中从事学生思想教育的人员、系党总支副书记（可兼副系主任）、团党委书记、辅导员（或年级主任）以及专职从事思想政治教育的其他人员等。"

3. 高校辅导员——强调"大学生的综合素质与思想政治教育"

高校辅导员是学生思想政治一线的组织者和承担者，担负着大学生全面发展、健康成长，培养和教育大学生的重要任务。他能指导大学生从各种社会思潮和意识形态中作出正确的选择，并能帮助大学生有效地解决他们在学习、生活中遇到的实际问题。

二、高校辅导员工作的重要意义及工作特征

（一）高校辅导员的重要性

高等教育是以培养高素质人才为目的的教育。我们国家的教育方针是教育必须为社会主义现代化建设服务，必须与生产劳动相结合，培养德智体美劳全面发展的社会主义建设者和接班人。思想政治工作是大学德育工作的重要内容，它对大学生进行思想教育、思想转化和引导，而负责这项工作的主要是高校辅导员。因此，作为大学生最直接的管理人员和教育人员，作为一支长期战斗在思想政治工作第一线的中坚力量，高校辅导员承担的工作责任决定了其在高等教育中的地位和作用。

1. 辅导员是大学生思政教育的骨干力量

随着高等教育的不断发展，高校不断扩招，高校的规模和形式也在不断地变化，这导致高校的教育管理工作也存在一些问题，如学生安全问题、生活问题、心理问题等时有发生。因此，高校的发展要考虑到社会的需要，培养出勤奋务实、适应时代发展要求的优秀人才。在高校校园中，正确的导向意识是影

响大学生世界观、人生观、价值观的重要因素。处于教育最前沿的辅导员，与学生的学习、生活、情感等各个层面的联系最为紧密。他们能在最短的时间内获得信息，引导学生正确对待学习、生活、情感、就业等，帮助学生及时解决矛盾，保持高校和谐、安全和稳定。

2. 辅导员在大学师生中起到了桥梁作用

面对高校越来越复杂的教学环境，为使高校师生更好地进行沟通和交流，辅导员成了学校领导与学生之间的桥梁，将学校相关政策和规章制度及时向学生传达。许多学校工作都需要学生积极参与，辅导员在工作中出现的问题也要获得他们的谅解与支持。辅导员工作是学校中的重要工作，这是由党和国家的方针政策和学校的办学思想决定的。大学生日常的有序管理与辅导员的努力是分不开的，如果没有辅导员对大学生进行日常管理，学校内部将会出现一种混乱的局面。不管是在开学、期中、期末，辅导员的工作量都很大，内容包括注册、评定奖学金、组织社会实践活动、资助贫困生、检查宿舍卫生、组织开展校园文化活动、党团工作、心理辅导、就业指导等。如果没有辅导员，任何一项工作都很难真正地贯彻下去。

3. 高校辅导员在高校师资中占有举足轻重的地位

高校辅导员既是教师，也是管理人员。他们是学生最直接的管理者和教育者，是奋斗在学校思想政治工作中的中坚力量。他们不但要以自己的一言一行来教育、影响学生，而且要对学生的工作和行为负起直接或间接的责任。

（二）高校辅导员工作的特点

高校辅导员作为高校学生健康发展的指导者和引导者，肩负着培养大学生的任务，对大学生的全面发展负有责任。高校辅导员工作的特殊性使其在实践中呈现出鲜明的特色。

1. 政治性与人本性相统一

政治上的指导性是高校辅导员工作的一个突出特点。教育部颁布的《普通高等学校辅导员队伍建设规定》对新形势下高校辅导员工作的重要内容作了具体规定。目前，大学生的思想政治教育工作的重点有以下几项：一是要加强对大学生理想信念的教育，加强世界观、人生观和价值观教育；二是要注重爱国主义教育，深入开展民族精神的宣传与培养；三是立足于基本的道德准则，加强对公民的道德教育；四是深化素质教育，着眼于学生的全面发展。

人的天性在于把人作为目标，而非"物"。高校辅导员是高校大学生思想政治教育的主体。高校大学生思想政治教育具有三个基本特征：一是政治性。它代表一定阶级、政党、群体的意志和政治诉求。二是教育性。大学思想政治课是以思想政治教育为核心的实践性活动，是培养具有一定阶级和社会需要的思想品德素质的人才。三是实践性。大学生思想政治教育是一种以人的全面发展为目的的社会实践活动。从上述分析可以看出，思想政治教育的所有活动都是为人服务的，脱离"人"这个基本要素，思想政治教育将丧失其存在的基础。

政治社会性是人的本质属性，政治与人两者缺一不可，在高等教育的发展过程中必须结合起来。忽略前者，就等于否定了社会主义的发展方向；忽略了后者，就会使社会主义教育的育人之基发生动摇。

2. 理论性与实践性相统一

高校辅导员的理论内涵主要包括两方面：一是大学生的思想政治教育工作是一门具有较为完备的理论和方法体系的科学；二是以科学的理论武装人，以科学的理论为基础和教育的主要内容，以教育为指导。

实践是高校教学的一个突出特点。高校思想政治理论课教学的实践特征决定了高校思想政治理论工作者必须牢固树立"实践"的思想：一要强化大学生的实践意识，积极、自觉地走进大学生群体，主动与大学生进行交流。发现问题、把握大学生思想动态，并对大学生的思想、情绪和行为方式进行疏导、引导和指导。二要注重实际操作。辅导员的实际操作能力，即教学能力，主要包括理论宣传、热点分析、班级管理、心理教育、就业指导、危机干预等。比如，针对学生群体中的某个倾向问题，采取不同的方式和方法，会产生不同的效果，这其实是一种实践的艺术问题。

在此，我们需要明确的是高校辅导员对学生的教育实践是一种科学的实践，是以理论为指导的。只有把理论和实践相结合，教学才能达到最佳的效果。

3. 管理性与服务性相统一

大学生管理是高校学生管理工作的重点内容之一。学生管理包括班级管理、学生事务管理、校园危机管理（各类影响学校稳定的突发事件），由高校辅导员主要负责。因此，高校辅导员工作的管理特点是十分突出的。

高校辅导员工作的服务性主要体现在两个方面：一是从教学本质上讲，辅导员有服务意识；二是辅导员在工作形式层次上表现出了服务性，并且这种服务性的特点更加突出，如学习辅导、心理辅导、职业规划指导、就业指导、困难资助。

管理和服务是互相渗透的，在辅导员的工作中是统一的，不能分割开来。其实，学生的管理工作就是把管理融入服务之中。

4. 引导性与示范性相统一

指导是高校辅导员工作的一个重要特点。在当今社会，思想文化交织、相互碰撞，高校辅导员的一项重要工作就是以社会主义核心价值观来教育和引导大学生。大学生对社会主义核心价值观的认识、认同和内化的过程，是一个不断对大学生进行教育、引导、促进的过程。

高校辅导员处于大学生思想政治工作的第一线，要与大学生进行广泛的联系和交流，要以科学的理论和正确的思想，解决大学生的思想困惑，化解各种矛盾，激励先进，疏导落后。在这个过程中，大学生不但要听到辅导员说的话，还要看到辅导员自己的行为。辅导员若言而无信，言行不一，再多的说教也没有用。其实，高校辅导员的一言一行都在潜移默化地影响着大学生。

要使工作真正发挥实效，辅导员就必须坚持"教育者为本"的理念。只有在实践中践行社会主义核心价值观，做到思想引导和行为示范相结合，才能对大学生起到"润物细无声"的作用。

5. 复杂性与广延性相统一

高校辅导员工作的复杂性受两个因素的影响：一是复杂的社会背景。当今世界，随着经济、社会生产的国际化，各种思想、文化的交流、传播、碰撞空前频繁。二是高校大学生的心理状态比较复杂。当代大学生的价值观因其多样性、复杂性而呈现出多元化、错综复杂的特点。

面对如此复杂的教育环境，高校辅导员工作的难度、复杂性、艰巨性都在不断加大，不仅要注重学生的综合素质，更要注重个人的发展；不仅要注重学生的社会价值，还要注重学生的个人需求；不仅要注重教育方式的选择，还要注重教育环境的营造。

高校辅导员工作在"广义"上包含两个层面：一是从横向看，工作领域不断扩展；二是从纵向看，各方面的工作都有了较大的提高。高校辅导员的各项工作包括对学生的教育、管理和服务。

6.常规性与探索性相统一

"常规性"是指高校辅导员在工作任务的安排和布置上具有一定的内在规律，具有一定的时效性和阶段性。以全年工作规划为例，年初是高校辅导员工作的开始，上半年有很多活动，暑假和寒假是社会实践，下半年则是新生入学的教育。同时，高校辅导员针对每个时期的社会热点问题，对大学生重点开展相应的教育活动。

高校思想政治工作的复杂性决定了高校辅导员工作的探索性。辅导员工作的探索性主要体现在三个方面：一是理论研究的探究性。在实践过程中，必须不断地对现有的理论和方法加以扬弃和发展，以使其与现实的发展相适应。二是探究式的教学目标。教学目标的思维特征是主体和客体相互影响的产物。对高校学生进行有针对性的思想政治教育，就必须正确、客观地掌握问题及其成因，以便有针对性地开展教育。三是对大学生心理状态的研究。辅导员要增强对工作的预见性，以提高工作效率。如果没有预案，一旦出了问题，产生了不利的影响，就来不及了。因此，高校辅导员工作要根据形势的发展和变化，深入研究和探讨大学生的心理健康发展动向，并根据这一动向进行有针对性的工作，以达到预防的目的。

三、高校辅导员应具备的素质与能力维度

高校辅导员是学校日常学生管理工作的组织者、执行者、指导者，是高校学生的人生导师，是高校学生健康发展的好伙伴。

（一）政治素质

培养高校学生的政治素质是高校思想政治工作的重要内容。大学生的思想问题有很多种类，与其理想信念有着密切的联系。准确把握大学生的理想信念是全面掌握其思想政治工作的关键。高校是培养合格的社会主义建设者和接班人的重要阵地，辅导员是高校的政治工作者。作为"政治导师"的高校辅导员的政治素养对大学生的政治素质有很大的影响。辅导员要做好大学生的政治指导者，就必须做一个坚定的马克思主义者。在高校思想政治工作中，指导思想要正确、政治信念要坚定。高校辅导员要做到政治立场鲜明、政治观点清晰、政治判断力高，应自觉地贯彻党的教育方针，把自己的政治素质转化为引导、教育学生的能力，培养学生正确的世界观、人生观、价值观。

（二）道德品质

高校教师的品德、素质、人格是影响高校毕业生就业的关键因素，因而教育工作者应注重言传身教。思想政治工作的实质就是一个不断提高学生个性的过程，而达到这一目的，高校辅导员就必须对其个人品质产生一定的影响。辅导员能否获得学生的尊敬与认可，与其人格修养密切相关。高校辅导员的个人素质会对他所管理和服务的高校学生的品德素质产生重要的影响。

辅导员是学校教育工作的一支重要队伍，肩负着"传道、授业、解惑"的职责。他们承担如此重任，就需要有极高的人文素养和人格魅力。教育是一种思想的影响，辅导员不仅是学生的政治指导者，更是他们实现理想的伙伴，是他们的道德模范。在德育方面，辅导员的职业道德对大学生起到了很好的表率作用。辅导员的以身作则就是为学生进行思想和行为规范的具体体现，其言语行为会对学生的思想产生很大的影响，即在潜移默化中对学生进行思想品德教育，培养学生抵抗外部干扰的能力以及对自己的行为进行有效的管理和调节。要使大学生成为高素质的人才，辅导员首先必须具备良好的思想品德。

（三）知识结构

著名管理学家泰勒曾说，拥有丰富知识和经验的人，通常会比只掌握一种知识和经验的人更容易产生新的联想和独创的见解。思想政治工作是一门综合学科，涉及思想政治教育、时事政治、管理学、教育学、社会学、心理学、就业指导、学生管理等领域，是一个面临新形势、新挑战、新问题的学科。大学生的专业知识和理论水平都很高，思维活跃，求知欲强，勇于开拓。因此，高校辅导员要做好大学生的思想政治工作，必须具备完善的知识结构和丰富的知识储备。时代的发展和社会的发展使得人们的视野越来越开阔，当今的大学生所拥有的知识并不像辅导员想要的那样"窄"。高校辅导员加强理论基础，加强理论修养，熟练掌握社会科学、社会学、心理学、教育学、计算机网络等学科知识，是提高工作能力、增强工作针对性和实效性的重要途径。通过分析和解决问题的实践能力的提高，增强思想政治教育对大学生的吸引力，强化对大学生的全面引导与服务。也有专家提出，辅导员要有音乐、审美、艺术、运动等专业知识。这样在大学生参加活动时，辅导员和大学生之间的关系可以进一步加深，起到寓教于乐的作用。

（四）组织管理能力

辅导员是高校大学生工作的主体，其管理能力对大学生有很大影响。课堂是高校思想政治工作的主阵地，在大学生思想政治工作中占有举足轻重的地位。辅导员经常需要定期开会，要组织各种活动，要协调各方的工作，要把学生的积极性调动起来，要严格遵守学校的规章制度，等等。如果缺乏良好的组织和管理技能，很难做好这项工作。

第二课堂活动的组织和实施，要求辅导员具有较强的领导能力。张伯苓是著名教育家，他在担任南开大学校长时，曾大力提倡开展多种形式的课外活动，并通过不同的社团活动加强学生的实际操作。他认为，学生在课外活动中所学到的知识并不亚于书本。在开展活动时，辅导员既要做好工作，又要带领好团队。大学生的人生观逐渐形成，他们的自我意识、成才意识和表达意愿都很强。大学生干部是师生之间的桥梁，是大学生自我管理和自我教育的重要推动力。辅导员要根据大学生自身的特点，合理使用与开发大学生干部资源，并充分调动他们的主动性，使他们成为自己的左膀右臂；要把选拔和培养一支优秀的青年干部队伍当作一项重要的工作，学会挖掘大学生的潜力，充分发挥他们的优势，扬长避短，以此加强大学生干部队伍建设；要构建一个完善的学生组织架构，引入竞争机制，营造良好的工作氛围，培养富有朝气、踏实进取的大学生干部队伍，把大学生的热情都调动起来。

（五）认知能力

人既可以了解事物与现象之间的外在关系，也可以了解其内部的关系与法则，这个认知是由思考的过程完成的。高校辅导员的工作主要是对大学生进行思想政治工作，需要观察能力强，判断能力强，善于接触、观察和了解大学生，善于运用各种方法及时准确地发现大学生的思维活动和特点，还要掌握第一手资料，正确把握大学生的思想倾向，把握大学生的思想变化规律，把握大学生的心理变化，提高对新情况、新问题的敏感度，把握问题的本质，以增强思想政治工作的针对性和实效性。高校辅导员在实践中会面临许多新问题、新情况，要从现象见本质，能够分清轻重缓急，学会审时度势、见微知著、有的放矢地把工作做到最好。

（六）表达能力

语言技能包含了语言和文字，会说会写，这是一个优秀的辅导员必备的技能。辅导员不仅要做好行政工作，还要培养大学生的思想品德。如果没有良好的语言表达能力，要达到预期教育效果，是非常困难的。辅导员工作的一个重要特征是与学生沟通，用语言文字向大学生传达恰当的观点，让学生在特定的行为中收到教育并实现内化。良好的语言表达能力既是辅导员思想明晰的表现，也是辅导员精神与气质俱佳的体现。辅导员要能够以书面和口头的方式表达其工作理念，做到向上反映问题，向下开展宣传和发动，还要能在公共场合正确地陈述观点，善于演说、宣传，善于根据大学生的思想、心理特点进行个别谈话、说服教育。

第二节　高校辅导员的角色定位

一、高校辅导员的角色定位内涵

（一）高校辅导员的角色定位

高校辅导员的角色定位主要有两方面内容：一是对高校辅导员社会角色的定位，也就是高校辅导员在社会关系中所处的特定地位。人在社会关系中的角色是不同的，如师生关系、血缘关系、交际关系等。因此，人在社会中扮演的角色也是多种多样的，并随着社会的变化而变化。高校辅导员作为一种社会角色，其承担的社会责任决定了其相应的行动方式，也决定了其行为规范。当人们提及他们时，往往会想到其所呈现的一套行为模式与规范。二是高校管理者、学生、家长和其他社会成员对辅导员的期望。角色期待是指社会所规定的一套外部的行为规范与行为模式，这是一种特别的社会现象，它把社会结构与角色的行为联系起来，而高校辅导员是一种特殊的职业，作为高校学生管理工作的主体，社会各界人士对其行为准则会有预期与评估，这有利于更加充分地发挥辅导员在社会中的作用。

（二）高校辅导员角色定位的要求与特点

1.新形势下高校辅导员的角色定位

2017年，教育部发布了修订的《普通高等学校辅导员队伍建设的规定》（以下简称《规定》），提出了新形势下我国高校辅导员工作的具体要求，也为高校辅导员角色定位提供了一个新方向。《规定》要求："辅导员应当具有较高的政治素质和坚定的理想信念，坚决贯彻执行党的基本路线和各项方针政策，有较强的政治敏感性和政治辨别力；具备本科以上学历，热爱大学生思想政治教育事业，甘于奉献，潜心育人，具有强烈的事业心和责任感；具有从事思想政治教育工作相关学科的宽口径知识储备，掌握思想政治教育工作相关学科的基本原理和基础知识，掌握思想政治教育专业基本理论、知识和方法，掌握马克思主义中国化相关理论和知识，掌握大学生思想政治教育工作实务相关知识，掌握有关法律法规知识；具备较强的组织管理能力和语言、文字表达能力，以及教育引导能力、调查研究能力，具备开展思想理论教育和价值引领工作的能力。""辅导员选聘工作要在高等学校党委统一领导下进行，由学生工作部门、组织、人事、纪检等相关部门共同组织开展。根据辅导员基本条件要求和实际岗位需要，确定具体选拔条件，通过组织推荐和公开招聘相结合的方式，经过笔试、面试、公示等相关程序进行选拔。""青年教师晋升高一级专业技术职务（职称），须有至少一年担任辅导员或班主任工作经历并考核合格。高等学校要鼓励新入职教师以多种形式参与辅导员或班主任工作。"这些要求促进了辅导员专职化、专职辅导员化、辅导员专业化，提高了辅导员的综合素质，提高了辅导员的专业化水平，从而有利于辅导员更好地开展思想工作。

2. 高校辅导员角色定位新特征

（1）高校辅导员在新形势下的角色定位。

高校辅导员在新形势下的角色定位包括以下三方面内容：一是对大学生的期望值由原来正确的思想、政治理念转化为树立正确的世界观、人生观、价值观等多个方面的积极因素，因而对辅导员的期待由政治思想导向转向与当前的教育理念、党的要求相结合，引导学生学习党的基本理论和路线图、树立高尚的理想信仰等；二是大学教育由最初的以学生为主体的学科教育逐步扩展为以爱国主义、道德、传统美德为主要内容的教育，这就要求高校辅导员树立起模范作用，建立良好的社会风尚；三是提高大学生的综合素质与能力，全面发展是素质教育的最终目的，这就需要高校辅导员持续学习，提升个人素质，促进个人综合发展，以更好地适应高等教育对辅导员的新需求。

（2）高校辅导员工作定位的调整。

例如，2015年《江西理工大学招聘高校辅导员》的招聘条件中对高校辅导员提出这样的要求：具备大学生教育、管理、服务等方面的知识，具备良好的口头、写作、计算机和组织协调的技巧；必须是一名党员（含预备党员），在大学或研究生阶段担任过校、院主要学生干部一年以上，并在任职期间荣获优秀学干、优秀团干等荣誉称号；必须为全日制本科毕业生，28 岁以下（1987年 6 月 30 日之后）。可以看出，高校对辅导员的个人能力、专业特长、教育程度、经历、年龄作了详细的规定。这也是我国高校对辅导员的角色需要和期望的转变，如管理、组织、协调等方面的变化。

（3）大学生对高校辅导员角色的进一步定位。

大学生是高校辅导员工作的直接对象，他们对高校辅导员的管理期望从"保姆式"的管理模式逐渐向具有丰富内涵、能从学生视角指导的"专家型"管理模式转变。就目前而言，高校辅导员在高校中的角色排序如下：人生发展的指导者、班级建设的管理者、心理问题的疏导者、以身作则的模范、生活中的关怀者、思想政治方面的辅导者、学习中的领导者、学校与学生之间的协调者。研究表明，大学生不仅挑战了过去单一的辅导员角色，而且为辅导员多元角色的转换奠定了基础。

（4）辅导员期待自己的角色转变。

辅导员的角色期待随着其经验与能力的提高而逐渐发生变化。一是高校辅导员管理模式从"单向灌输"转变为"互相促进"。高校辅导员在对学生进行管理时，更善于倾听、分析、归纳，形成经验、形成规律，从而推动学生与辅导员的共同发展。二是新形势下，我国高校辅导员从以往的被动式学习向主动积极式的学习转变。这种全方位的知识储备，也为高校深入开展辅导员工作提供了保证。三是高校辅导员在观念上的转变。他们的期望不再局限于基层的工作人员，而是希望能够有机会成为学校管理者、学院领袖、教育专家等，不仅服务于高校，还服务于社会。

二、高校辅导员的角色定位内容

（一）高校学生的思想政治教育

高校思想政治工作是基础性工作，主要内容有思想政治教育、思想道德教育等。现在这项工作分成了两个方面：一方面，依据有关的政治理论教科书，并结合目前的情况，为大学生树立正确的价值观奠定理论基础；另一方面，加强对学生的行为教育，引导其在日常管理中开展德育活动，规范其日常行为。比如，针对学生的心理、班级的特点，开展以培养学生的党性、团性为基础的学习活动，注重人文素质的培养，培养大学生公德与服务的敬业精神。这项工作可以由两个角色完成，即"教师"与"日常指导员"。这两个角色，有些是政治教师和辅导员一起担任，有些是政治教师和全职教师一起担任。前者的思想政治教育与行为教育相结合，可以更好地进行思想政治教育；而后者则是将政治教育与行为教育分离，造成了学生学到的思想政治理论难以深入学生的生活中，对大学生思想政治工作产生了一定的影响。这就要求高校辅导员政治觉悟高、素质高、同党中央保持高度一致的政治立场和原则，具有较高的理论素养和相应的能力，并充分利用学生社团、文娱活动等，营造浓厚的思想政治工作环境。同时，能够及时了解学生在学习中遇到的问题与难点，并对其进行分析与研究，把理论知识与学生的日常生活联系起来，帮助学生分析问题、解决问题，增强学生的政治素质，增强他们的政治觉悟，进而让学生树立正确的思想和政治意识，树立为人民服务的理念，当好为人民服务的接班人。

（二）管理学生的日常工作

高校学生的日常管理工作是一项既简单又烦琐的工作，属于基础性工作，可以分成两个部分：一是日常工作中的常规工作，是指教育部规定的关于高校辅导员的相关工作，具有普遍性、重复性和前瞻性，其主要内容有：（1）班级学风建设、宿舍卫生、安全管理、新生军训、新生入学教育、干部培训和选拔；（2）学生档案的管理，包括学生发展和评价、学生档案的收集和归档、奖学金和补助金的选择、毕业生工作等；（3）对学生的校园活动进行管理，包括篮球比赛、运动会、新生或毕业聚会等。二是对突发性事件的处理工作，是指辅导员在日常工作中，遇到紧急情况时，必须及时处理的工作，其时间、地点都是无法预料的，具有个体性、临时性和不可预见性，其主要内容包括：（1）在政府或大学的各个部门中突然发生的事件，如安排学生参加由政府或学校举办的重大政治或非政治活动、政府有关领导的考察、学者或专家的演讲、学校的催收费用、宿舍安全问题、防火安全检查等；（2）学生内部的突发事件，如学生间的争端或冲突、学生与学校之间的矛盾与冲突，以及大学生自己遇到的失恋、变故、疾病等心理问题等。

（三）学生的学习向导

现在的社会是一个学习的社会，大学生除了要掌握科学文化知识，还要掌握实用技术，培养求知的精神和思维，这不能只靠大学专任教师承担。这就要求高校辅导员在课外指导学生的学习，这是大学里的"第二课堂"。高校辅导员除对所管学生的专业知识要有一定的了解之外，还需熟知心理学、教育学、管理学及伦理学的一些知识，结合开展的主题班会、学习技巧讲座与学生思想交流，通过宿舍查寝等方式了解学生的学习、思想的现状，帮助学生找到自身的弱点、兴趣点，培养学生良好的求知态度，确立正确的目标，合理计划好自己的学习和生活，引导学生以积极向上的心态面对在学习中遇到的疑点和难点，从而坚定学生学好本专业知识的信念。[1]

（四）学生就业的指导者

高校毕业生就业是目前高校最大的问题，如何采取行之有效的方法，制订大学生就业指导方针和计划，是大学生教育的一个重要内容。1949年，美国教育会出版的《对学生人事工作的看法》中提到："在学生毕业后，协助他们找到适合自己的工作，并协助他们实现自己的事业。"从国外学生工作的实践出发，结合国内就业情况，高校辅导员应科学、系统地分析大学生就业情况，使他们更好地认识自己的就业情况，了解自己的工作状况，了解雇主的工作需求，并充分发挥自己的专长，然后进行有针对性的辅导或学习。例如，学习社会实践课程，积累实习经验，聘请有经验的专业人士教授求职技能；积极参与学校的招聘和面试；等等。这样可以增加毕业生的工作岗位，提高他们的就业率。这充分说明了在大学生就业指导中，高校辅导员起着举足轻重的作用。

（五）学生心理的疏导者

大学生的心态还处于发展阶段，不够成熟，当他们面临某些问题或压力时，往往无法适应，如学习、人际关系、考试、就业等方面的问题，都会对他们的心态、心理发展产生一定的影响。高校辅导员应加强与学生的交往，了解其当前的心理特点，对其进行心理辅导，以促进其心理健康发展，增强其自卫能力，增强其抗逆性。尤其是对贫困大学生，要及时掌握他们的生活状况，给予他们一定的鼓励和指导，以增强他们的自信，并协助他们战胜现实困境。现

---

① 张南.我国高校辅导员角色定位研究[D].南昌：江西师范大学，2018：16.

在，高校对辅导员的"心理咨询师"资格要求日益增多，这也表明了社会和学校对高校辅导员工作的需求与认可。

（六）和谐校园建设的助推者

和谐校园的构建，是指构建高校各个方面相互依存、互相配合的关系。从人际关系协调、优化校园环境、营造校园文化、解决校园危机等诸多方面建设和谐校园，是建设和谐社会的重要途径。高校辅导员是高校德育工作的第一线教师。作为一名教师，同时是一名管理者，高校辅导员在建设和谐校园中起到了至关重要的作用。

高校辅导员是高校思想政治工作的重要组成部分，是学生身心发展的指导者、人际关系的协调人员，也是学生日常工作的管理者和服务人员。辅导员工作在学生工作的最前线，与学生的关系最密切，能够最快地获取第一手的资料，最及时掌握学生的心理活动，掌握他们的思想和需求。因此，辅导员最容易体察学生的情绪，适时地进行引导与教育，能将不和谐的因素，如矛盾、冲突等扼杀在萌芽状态，同时可以协调好学生之间、师生之间、学生与学校之间的各种关系，有利于维护校园的安定和谐。

三、影响高校辅导员角色定位的因素

（一）社会因素

任何事物的发展都与其所处的社会、时代背景息息相关。因此，在客观上，辅导员的角色也会受到社会的宏观环境变化的影响与制约。目前，我国的政治、经济、文化事业都在飞速发展，人民的生活方式和思想观念发生了巨大的改变，使得社会价值观念发生着急剧变化。市场经济所带来的经济效益、竞争、自主等方面的影响，在一定程度上影响了每个人的思维方式和行为方式，并对其思想、价值观产生了深远的影响。这些效应一方面可以拓宽学生的视野，促进学生的发展，促进学生的成功，另一方面过于强调个性、自主性、竞争性，容易造成学生的急功近利，形成个人主义，从而使辅导员的角色表现出不适当的行为和认识。辅导员是大学教师的重要组成部分，肩负着思想教育、引导、道德教育等职能，在德育工作中表现出很强的示范作用，社会、学校对其寄予的厚望也各不相同。因此，在实践中，辅导员个人常常要面对新老价值观适时转换的问题，如果没有及时调整，就会使自己陷入矛盾、压抑之中，从而对自己的角色定位产生困惑。

处于社会转型期的大学生，思想、性格、举止特征都有这个时代的烙印。随着改革开放的深化，以及经济全球化的发展，他们在不断地汲取着世界上先进的文化、文明的成果，却又不可避免地被西方的腐朽观念所侵蚀。由于个人经历、思想层次等因素的制约，造成了他们的思想认识、生活消费观念上的偏差，从而产生个人主义、享乐主义、自由主义等倾向。此外，我国高校扩招、独生子女增多、就业困难等问题的产生，也对辅导员的工作产生了一定的影响。

（二）制度因素

目前，部分高校的辅导员管理体制还不健全，多数处于校、院两级管理之下，任何一个部门都能对辅导员下达命令。平时的工作，如考核、检查等，是由学生处、团委、院里管理的，人事任免、福利编制等是由党委组织部和人事处负责的。在这种多管齐下的体制下，辅导员既要担负学校的指派，还要兼顾院系的其他工作。这导致辅导员角色太多、责任太大，既要承担大量的工作，又要面对各种行为准则，还要受到各方的监督。管理体制的不完善导致辅导员职务责任不清、工作内容繁杂、在工作中的角色定位不明确，影响了辅导员在实践中的作用。学校如果有突发事件，或者人手不够，第一个想到的就是辅导员，这让他们忙得不可开交。可一旦有了训练和学习的机会，他们就会被冷落。长期以来，我国高校辅导员的角色定位主要是由行政管理和教师两部分构成。换句话说，辅导员今后的发展道路，大致有两条：一是努力向政府机关发展，等待升迁；二是以教学与研究为主，成为一名职业教师。

高校辅导员的支持系统主要有制度支持、专业学位支持、工作支持等。这些支持是促进辅导员队伍可持续发展、促进辅导员成长、促进辅导员自身发展的重要保证。在具体的支持系统中，还包括辅导员的激励机制、培训机制、社会福利等。但在实际工作中，高校辅导员在待遇、提升、培训等方面仍存在不足。辅导员每天都要和学生打交道，会耗费大量的时间，并且要承担起院系委托的责任。这使得他们很少有时间和精神来从事研究，而在现有的大学体系中，研究成绩是和工资挂钩的。这也是高校辅导员工作热情起初很高，但工作两三年后，工作积极性显著降低，并对辅导员的发展前景抱有负面看法的重要原因。

（三）个体因素

1. 辅导员自身的个性特征

性格是一种比较稳定的生命态度和行为方式，具有重要的个人心理特点，是与社会关系最为紧密的一种因素。人与人之间的主要区别在于性格。每个行业都要有自己的特点，只有具有这种职业所需要的个性特点，才能更好地胜任这项工作。在挑选工作时，要充分考虑个人的性格和职业特点，使自己的个性与专业相匹配，从而更好地发挥自己的才能和长处。

辅导员是一种职业，它对专业人士的个性有着特别的要求。作为一名教育工作者，辅导员经常与学生打交道，并参与到教育和管理中去，他的一言一行都在潜移默化地影响着学生。作为一名学生管理人员，他要和上级沟通，并且要完成上级指派的工作。辅导员要实现教育引导、监督管理、桥梁纽带、模范示范等功能，必须具备积极健康的心态和开朗乐观的性格。辅导员工作是一种热爱和责任并存的工作，是不能没有爱的。因此，在选择辅导员时，辅导员是否具备较强的进取心、责任感、耐心、热情、乐观、沉稳等品质，是必须认真思考的问题，也是有意从事辅导员工作的人士预先要考虑的问题。

2. 辅导员对自身角色认知的偏差

辅导员对自己角色的认识，主要体现在对自己的角色定位、相应的角色和行为准则的认识、理解、体验和自觉上。辅导员既是教育、管理、服务的统一体，又有别于普通的教职员工和普通的管理人员。许多辅导员将自己的角色定位于行政管理，但在实践中，辅导员所扮演的角色是多种多样的，面临着多种需求和角色期待。有的辅导员往往会忽略自己的职责，从而产生对自己角色的认识偏差，导致工作重心偏移等问题。

同时，辅导员对自己的角色认识会受到自我评判、自我评估等因素的影响。而大学教师自我评价则是通过社会评价、自我分析和社会对比来实现的。因此，高校辅导员的自我评价与认识主要来源于社会、学校和学生对其角色的认识和评价。长期以来，社会、学校对辅导员的认知与评估存在着不合理性，导致有的辅导员对自己的角色定位不准确，对自己的职业认同程度也不高。有些辅导员并不是出于职业爱好，而是由于各种各样的理由，将辅导员的工作当成了一条捷径，如升职加薪、进入学校管理层的踏板或是成为专业教师的曲线方式等。这种认识上的偏差不仅会使辅导员在社会和其他层面上的职业认同感下降，也会影响到他们的专业素养和职业发展。

第三节　高校辅导员职业化认识

一、高校辅导员职业化的阐述

（一）高校辅导员职业化的内涵

本书从职业的内涵与特征入手，提出了高校辅导员职业化的概念，即以高校学生日常思想政治教育和管理工作为长期专门职业的辅导员形成独特的知识、技能、思维方式、行为模式和角色意识的状态或过程。高校辅导员职业化，从动态的发展过程分析，指根据社会分工和从业标准的要求，通过教育和培训等手段不断提高辅导员的职业化素养、职业化行为规范和职业化技能，并将高校辅导员职业发展成一种稳定且终身从事的职业的过程；从静态的衡量标准分析，指高校辅导员成为专门的、长期从事的并得到社会广泛认可的一种稳定职业。

（二）高校辅导员职业化的特征

辅导员职业化的特征表现为以下几种。

1. 专门化

辅导员职业化的专门化特征主要体现在，具有独立、稳定、专业化的特点，即有专门的培训体系和管理体系，有一定的社会地位和经济地位，有与之对应的职业能力和职业素质，有共同的价值观和行为准则，有专门的行业协会和团体。

2. 专业化

辅导员职业化的专业化，一方面，要明确其专业领域，使其成为社会不可或缺的一项工作，并逐步建立起自己的专业规范；另一方面，要具备一定的专业技能，只有接受过长期职业教育的人才才能够胜任。

3. 规范化

辅导员职业化的规范化就是要有自己的专业规范。对高校辅导员的规范化管理，使其在职责、权利、范围、职业素养、职业能力等方面进行界定，从而使其成为一种职业伦理和职业行为规范。

4. 稳定化

辅导员职业化的稳定化特征表现为两个方面：其一，辅导员是在社会分工发展过程中逐步发展起来的一种职业，其存在具有必然性和不可替代性；其二，在一定的时间里，辅导员的人数要保持一个稳定的状态。

5. 终身化

"终身"指的是辅导员的工作年限。随着高校辅导员职业的不断发展，越来越多的辅导员将其视为终身的职业生涯，并将其视为人生理想、人生价值的一种职业。

（三）高校辅导员职业化的标准

1. 以专业知识体系为理论支撑

社会在变化，社会分工需要所有的职业都要专业化。专业化不是每个人都能做的，而是要有一定的科学理论和知识，辅导员也是如此。高校辅导员不仅要具备丰富的理论知识，如马克思主义理论、哲学、政治学、教育学、社会学、心理学、管理学、伦理学、法学等学科的基础知识，而且要具备一定的专业知识。根据《高等学校辅导员职业能力标准（暂行）》的相关要求，高校辅导员应具备的专业知识包括思想政治教育专业基本理论、基本知识、基本方法，马克思主义中国化相关理论和知识，大学生思想政治教育工作实务相关知识。其中，思想政治教育的基本理论、基本知识、基本方法主要包括思想政治道德观教育、思想政治教育学原理、思想政治教育史、思想政治教育心理学、比较思想政治教育、心理健康教育的相关知识及技能等方面的知识。有关马克思主义的理论及知识主要有毛泽东思想相关理论、中国特色社会主义理论体系、社会主义核心价值体系、中华人民共和国国史、中国共产党党史。大学生思想政治教育工作实务相关知识包括党的创新理论教育相关知识、大学生党团和班级建设的相关知识、职业生涯规划与就业指导相关知识、困难资助与奖罚管理等学生日常事务管理内容、知识、校园文化建设与社会实践等学生日常思想政治教育的知识、网络思想政治教育相关知识、危机事件和突发事件应对与管控的相关知识等。法律法规知识包括《中华人民共和国教育法》《中华人民共和国高等教育法》《中华人民共和国教师法》《中华人民共和国学位条例》《中华人民共和国学位条例暂行实施办法》《中华人民共和国精神卫生法》《中共中央　国务院关于进一步加强和改进大学生思想政治教育的意见》《普通高等学校辅导员队伍建设规定》《普通高等学生管理规定》《国家教育考试违规处理办法》《学生伤害事故处理办法》等相关法律法规条文规定。这些都是辅导员的职业生涯发展的专业支撑。

2. 以职业能力体系为实践标准

在辅导员的专业系统中，由于年龄、学历、经验等因素的差异，辅导员的工作存在不同的专业级别，而辅导员要达到相应的专业水平，则需要具备不同的专业技能。辅导员的教育、管理、服务学生的角色差异决定了辅导员的专业素质。高校辅导员的职业能力包括思想政治教育、党团建设、班级建设、学业指导、日常管理、心理健康教育与咨询、网络思想政治教育、危机事件应对能力、职业生涯规划与就业辅导能力、理论和实践研究能力。

3. 以从业人员多元结构体系为主体

高校辅导员从业人员的多元化构成，主要体现在人口统计变量上，其主要表现为：辅导员职业化后，在年龄组成上，要做到老中青各年龄段比例合理，逐渐扭转辅导员的年轻化倾向；在学历结构方面，应采取多种措施，争取更多具有博士学位的人才进入辅导员队伍，建立本科、硕士研究生、博士研究生不同学历层次的辅导员学历结构，改变辅导员学历偏低的状况；在职称方面，要做好辅导员职称评聘工作，建立比例适当的助教、讲师、副教授、教授的职称体系；在工作方面，要做好辅导员的职业生涯规划，建立副科、科级、副处级、处级比例合理的辅导员职务序列；在工作年限方面，辅导员的工作年限要在短期、中期和长期之间保持一定的比例，并以长期的辅导员工作为主要内容，从业人员的主体应具备一定的稳定性；从专业背景上来看，有的是受过专业训练、具有较高学历的硕士和博士研究生担任专职辅导员，有的是一些具有一定专业背景的专业人士担任专职辅导员。

4. 完善的组织和体制是保证

辅导员是大学生思想政治工作的支柱，它的发展需要国家政策和社会环境的支持。2004年，自中共中央、国务院印发《关于进一步加强和改进大学生思想政治教育的意见》以来，中共中央、国务院、教育部等出台了一系列有关高校辅导员队伍建设、职业能力建设、职业能力标准等相关文件，为进一步推进辅导员队伍建设提供了政策支持。中国高等教育学会学生工作研究分会、全国高校辅导员工作研究会等全国性组织的设立，不但为高校辅导员提供了一个学术交流的平台，增强了辅导员的科研能力和实践能力，而且大大促进了高校学生工作事业的繁荣与发展，进一步加强了高校学生的思想政治工作。《高校辅导员学刊》和《高校辅导员》杂志的成立，既为高校辅导员提供了一个学术交流的平台，也为其专业能力提升提供了有力的支持。高校辅导员的核心价值观和誓言的提炼，既能提升辅导员的专业价值，又能促进辅导员成长，并成为一种扎根于辅导员内心、引导辅导员事业发展的精神支柱。可见，从在国家政策的高度进行顶层设计，到各类辅导员机构的建立，无论是从理论上的探讨，还是从心理上的追求，都为辅导员的职业化发展提供了政策、载体和精神上的保证。因此，要使辅导员职业化发展，必须建立健全的组织、体制、机制等。

二、高校辅导员职业化实质

高校辅导员的职业化与高校的特殊工作环境相适应，与高校的体制机制和根本任务相适应，与高校辅导员的职业标准、职责要求、发展目标密切相关。辅导员职业化的本质是实现管理者与教育者的统一、"化学生"与"化自身"的统一、理想性与发展性的统一、职业化与专业化的统一的过程。

（一）管理者和教育者的整合

1. 辅导员的角色定位

《高等学校辅导员职业能力标准（暂行）》中明确规定："辅导员是高等学校教师队伍和管理队伍的重要组成部分，具有教师和干部双重身份。"《普通高等学校辅导员队伍建设规定》中也明确指出："高校辅导员是开展大学生思想政治教育的骨干力量，是高等学校学生日常思想政治教育和管理工作的组织者、实施者和指导者。"辅导员要做好学生人生的指导者，做好他们健康成长的好伙伴。高校辅导员是在特定的环境下成长起来的一种社会职业，它在面对特定的工作目标时，既要利用自己的专业知识"培养学生的世界观、人生观、价值观，使他们能够用马克思主义的观点和方法来看待问题、分析问题、解决问题"，又要搞好形势、政策、学风、学业生涯规划、就业创业、心理健康，同时要做好困难学生的帮扶、党团组织管理、学生干部管理、特长学生培养、危机事件处理等事务性工作。既要引导学生坚定正确的方向、勤奋上进，又要帮助学生解决难题、做好服务，这是辅导员的职责所在。

2. 辅导员的双重身份

辅导员既要做好学生的思想政治工作，又要做好学生的日常工作，同时扮演着管理者和教育者的角色。

（1）辅导员是学校的管理者，担负着管理学生工作的重任。辅导员的管理具有层次性、复杂性和直接性等特征。所谓"万人之上，一人之下""兵头将尾"，正是辅导员作为管理者所处的位置。高校辅导员在做管理工作的过程中，要重视系统、规范、方法的选用，不断提升自己的管理能力和水平。高校辅导员在面对具有强烈的自我意识、个性充分张扬的学生时，关键在于提高个人的吸引力。韦伯提出了三种权力类型：传统权力、超常权力、法律权力。在现代管理活动中，如果管理者只有法定的职权，也就是个体的职务权限，很难做好行政工作，所以管理人员要重视"个人影响"，把自己打造成具有一定声誉的管理者。"权威"是一种非强制性的"影响力"，即管理者在企业中的威信、威望。权威不等于法律，也不能依赖别人。高校辅导员因其工作环境，常常要完成许多"硬指标"（量化考评），如学费催缴、纪律管理、就业管理等，因为缺乏软硬件，常常要辅导员来进行心理疏导。而在很多现实问题中，辅导员常常难以确立权威。高校辅导员具有教育和服务的权力，但并不具有"权威"的地位，其建立的关键在于自身的品行、涵养、学识和能力。高校辅导员要真正把握好思想领导，首先要深入学生的内心，重视思想上的指导，通过心灵的交流，用自己的人格魅力赢得学生的信任，从而产生"影响力"。

（2）作为一名教育工作者，辅导员所担负的工作与其他职业不同，主要负责学生的思想政治教育活动，其内容包括理想信念教育、思想品德教育、行为文明教育、创新创业教育。

其一，理想信念教育。理想是人生的归宿，信仰是人生的归宿。如果连理想都没有，那就是"缺钙"。由于受到不良的社会因素和学生自身的发展问题的影响，部分大学生在一定程度上存在理想信念模糊、人生目标缺失的问题。辅导员是大学生人生的指导者，应加强对大学生的理想信念教育，使其明确自己的人生目标，树立自己的信仰，朝着正确的人生道路迈进。理想是将来的事情，与现实还有很大的差距。实现理想是一件很漫长、很艰难、很曲折的事情，如果你认为实现这个目标的过程很简单，没有充分的心理准备，就会在困难面前畏缩，在挫折面前失望，从而导致理想动摇，失去信心。因此，辅导员要对学生进行理想信念的教育，鼓励学生坚定不移、坚持不懈。理想不会自然而然地变成现实，必须经过千辛万苦、千锤百炼。高校辅导员要培养大学生的共产主义理想、中国特色社会主义共同理想，要努力学习，勤俭节约，奋发图强，克难奋进，只有这样，才能更好地实现人生理想。

其二，思想品德教育。思想道德是指人们在特定的思想引导下，在道德行为中所呈现的心理特征、思想倾向和行为习惯。良好的道德修养，对个人的素质提高、社会的文明进步起着至关重要的作用。辅导员要强化学生的道德修养，一要提高学生自身的道德修养，二要让他们自我反省，三要让学生做到"慎独"，即在无人监督、无人知晓的时候，也要严格遵守伦理准则，做到自我监督、自我约束、自我完善。

其三，行为文明教育。文明素养是一种社会风尚的直观体现，是一个国家的精神文明与进步的体现。大学生文明素养的培养，对提高高校学生的文明素养、促进高校学生全面发展、增强优良校园风气具有十分重要的意义。辅导员要加强对学生的行为文明教育，培养学生良好的行为习惯：一是加强文明行为的培养，引导学生注重个人日常行为，从点滴做起；二是加强行为文明建设，通过采取多种有效措施剖析、纠正学生的不文明行为；三是要构建一种长效的行为文明机制，充分利用规范的力量来促进社会风气的形成，并对学生的言行进行规范。

其四，创新创业教育。创新是国家发展的灵魂，是国家兴旺发达的不竭动力，是中华民族最深厚的天赋。在全球经济的激烈竞争中，创新是唯一的出路。创新能力是当代大学生的核心能力，是大学生在竞争中争取优势、掌握主动、赢得胜利的关键。创业教育的重点是大学生创业品格、创业能力、创业意识、创业知识、创业精神素质、创业技能。大学生思想积极、行动勇敢，在当前大众创业、万众创新的形势下，高校毕业生要强化创新意识、提高创业能力、创造创业环境。高校辅导员要做到师生相融，必须有自己的职业发展。在实施过程中，辅导员应加强对学生的管理，以达到教学和管理相统一的目的。

（二）"化学生"与"化自身"的统一

高校辅导员要充分发挥其在教育、引导、转化等方面的作用，既要培育社会主义的建设者，也要提高自我教育、自我转化、自我发展的能力，实现"化学生"和"化自身"的统一，即"育人育己""教学相长"，持续提升自身的专业技能与水准。

1. 辅导员首先要培养学生

立德树人是高校的基本工作。高校要从教育管理各个领域、教育教学各个环节、人才培养各个细节着手培养人才，每位教师都有责任育人。高校辅导员是学校教育的核心力量，其生存的核心价值是其基本使命。具体而言，高校辅导员的"三观"、高校学生的"三观"、心理、学风等是高校德育工作中的重要环节。

（1）树立正确的"三观"。

"三观"是学生的灵魂，而在高校，辅导员的世界观、人生观、价值观在学生"三观"形成过程中有着举足轻重的作用。习近平总书记指出："青年的价值取向决定了未来整个社会的价值取向，而青年又处在价值观形成和确立的时期，抓好这一时期的价值观养成十分重要。这就像穿衣服扣扣子一样，如果第一粒扣子扣错了，剩余的扣子都会扣错。人生的扣子从一开始就要扣好。"由于市场经济、高校办学的现实影响，一些大学生在价值观上表现为"功利化""多元化"。这对大学生树立正确的世界观、人生观、价值观造成了很大的冲击。辅导员要培养他们正确的"三观"，就是要引导他们树立人生的目标，引导他们正确地选择自己的生活，培养他们正确的价值观，树立社会主义核心价值观，把"美丑""好坏""真假"划分清楚，确立真、善、美的价值取向。

（2）培育健康的心理。

大学生走向社会需要一个良好的心态作为不断发展的基础。大学生的心理问题具有易发性和多发性，辅导员要做到"普遍撒网"，面向所有学生开展心理观察和心理辅导，扩大辐射范围。同时，做到"重点关注"，针对不同人群、不同个体进行"心理关照"。高校辅导员要加强大学生的心理健康工作，要做好心理健康教育，加强对大学生的心理辅导，为其提供心理疏导，使其摆脱困境。同时，要培养大学生积极乐观、自信的心理素质，开展主题班会、团体辅导等活动，提高大学生的自我保护意识和求救能力，防止心理危机产生，形成健康的人格。

（3）建设良好的学风。

良好的学风是大学的生命，是大学的永恒主题。高校的学风问题因生源特征的差异而成为薄弱环节，如大学生的学习目的不明、学习态度不端正、学习积极性低、学习动机差、学习方式不合理等。加强学风建设，是当前高校辅导员工作的首要任务，而优良的学术风气关系到大学生的健康成长。从学生的现实出发，辅导员培养学风就是要对学生进行学业辅导、因材施教，提高学生的学习兴趣，提高学习的内在动力，以良好学风涵育良好校风，培养社会所需要的优秀人才。

2. 辅导员要育己

辅导员的培养过程其实就是在探讨如何培养学生的能力，要达到这个目的，必须坚持教育者先受教育的规律。马克思指出："教育者本人一定是受教育的。"毛泽东也强调："教育者必须先接受教育，因为他们是教育者，是当先生的，他们就有一个先受教育的任务。"身为一名教育者，辅导员肩负着特殊的历史任务，应重视自身综合素质的提高。"教育者教书育人，既要启智，更要育德，只有在先受教育的过程中，德业并进，修德涵智，既注重提高自己的思想道德素质，又注重提高自己的科学文化素质，在提高自己的科学文化素质的过程中提高自身的思想品德修养，才能做到德艺双馨，更好地履行教书育人的责任担当。"① 这就需要高校辅导员不断提高自己的专业素质和专业能力，要做到"政治强、业务精、纪律严、作风好"，要在日常的思想政治教育、行政工作中成为"行家里手"。

3. 育人育己相统一

哲学家雅尔贝斯说："教育的本质是唤醒。教育，意味着一棵树摇动另一棵树，一朵云追逐另一朵云，一个灵魂唤醒另一个灵魂。"教学的过程就是师生之间的交流、理解、启发和补充，是生命与生命、灵魂与灵魂相互影响、相互成长的互动过程。辅导员工作涉及的领域很广，而且要面向更多的学生。这就需要辅导员本身所掌握的知识远远超出其所能教授的范畴，不但要具备足够的专业知识，而且要具备广泛的普遍性和宽广的心胸。但是，在信息时代，尤其是手机上网的时代，信息的容量增大，知识快速更新，知识的获取方式也变得多种多样。教育者与受教育者在同一网络社会中，处于信息与知识获取的同一起点，机会平等。受教育者，尤其是大学生，上网的时间、频率，以及获取

---

① 骆郁廷. 论教育者先受教育的规律 [J]. 思想理论教育，2017（12）：6.

知识和信息的机会大大增多，甚至超过了教育工作者。大学生思想活跃、自我意识强，这使辅导员的工作权威受到极大的影响。因此，辅导员要在教育中接受教育，在与学生的良性互动中做到教学相长，育人育己统一，既提升育人水平，也增强育人效果。

（三）职业化与专业化的统一

职业与专业是相互关联却内涵不同的两种概念：职业化是指在整个社会的分工体系中有一定的社会工作并得到发展；专业化就是从事一定社会工作的人要具备专业素质，坚持专业理念，运用专业方法为社会服务。职业化是对工作的外在需要，强调团队的激励与发展，是专业化的先决条件；"专业化"指的是"职业"与"专业"相结合的"职业化"。

1. 职业化是专业化的前提

职业要达到职业化，需要具备一定的条件：首先，要有一套完整的专业知识；其次，要有专业的入职资格，要有专业的工作规范，要有健全的体制和管理机制。职业化是一项系统工程，它对职业发展的各个层面都有不同的需求。有了职业化，就有了专门的东西；没有职业化，就没有专门的东西。目前，我国高校辅导员的职业社会认同度还不高，队伍的稳定性不强，队伍的职业素养有待进一步提高。要使辅导员队伍职业化，使其针对性、实效性得到增强，就必须构建一套完善的、具有吸引力的体系，要强化高校辅导员专业化培训，做到工作有条件、有平台、有发展空间。在实现职业发展的过程中，辅导员要制订科学、合理的职业规划，积极地掌握辅导员的专业知识、技能，并通过各种方式不断提高自己的职业素质、科学文化素质，培养学生的能力。

2. 专业化是职业化的目的

所谓专业化，就是一种职业专门化、科学化的过程。辅导员专业化的内容包括专业知识、专业技术、专业领域、专业服务观念、专业道德、专业培训、专业考核、专业能力、专业队伍。"辅导员专业化"概念的产生，是指人们对其工作性质的认识从一个暂时的"岗位"向一个专门化的"职业"的过渡。从事务管理者到教育专家，从管理经验到学术研究，都是为了不断地提升自己的专业成熟度，改变以往的职业形象。高校辅导员专业化是指辅导员通过精心学习、精心探索、精心从事学生的思想政治教育，使自己的专业素养、能力和水平得到提高。高校辅导员的专业化对于促进高校的大学生工作、提高大学生的素质、提高大学生的社会信誉是十分必要的。推动高校辅导员的职业化，是推动其专业化、提高其就业能力的重要途径。高校辅导员职业化的发展，将促进其职业素养的提高，规范其职业行为，提高其专业能力，促进其健康发展、专业发展，使其从"不专业"向"专业"、从"比较专业"向"很专业"转变。专业化是职业化的目标。

3. 职业化与专业化的转化

职业化和专业化是相互促进、相互转化的，只有把社会工作作为一种职业，我们才可以谈论它。职业化是实现专业化的关键，而专业化是实现职业化的动力。专业化是高校辅导员职业化的必然选择，职业化是专业化的先决条件，而职业化则是以专业化为目的的。职业化是实现专业化的必由之路，专业化可以实现更好的职业化。按照管理层次划分，辅导员在学校中的地位较低，承担着对学生的日常教育与管理。在高校，有一种惯例，只要是学生的事，就是教师的事。因为高校扩招等原因，高校里的人越来越多，辅导员的作用也越来越大，他们是"信息员""消防员""安全员""卫生员""服务员""万金油""勤杂工"。这主要是由于高校辅导员的职业化发展程度不高、专业化程度低。高校要促进辅导员职业化，使其更好地实现专业化，使其生命价值得以实现，提高其在社会中的地位。

（四）理想性与发展性的统一

专业化既是目的，也是过程。如果想要找一份理想的工作，必须坚持职业的理想，以实际为基础，立足发展，不懈奋斗。从长远来看，要坚持理想性和发展性相结合，以求专业化发展。

1. 职业的理想

托尔斯泰曾经说过："理想是指路明灯，没有理想，就没有坚定的方向；而没有方向，就没有生活。"职业理想是每个专业人士对自己的职业生涯的向往与追求，它对事业发展起到了指导作用。人们所选择的专业往往取决于他们的职业理想。辅导员的职业理想是培育当代新生力量，承担国家复兴重任，"做学生的人生导师，做好学生的知己"。当前大学生思想政治工作的重点是如何培养和引导大学生的健康发展，这是大学生思想政治工作中不可缺少的环节。

一名好的辅导员是学生成长的基石，是学生发展的保护者。虽然辅导员工作很辛苦，但只要辅导员能坚守本心，脚踏实地，就可以达到自己的事业目标。正如马克思所说："如果我们选择了最能为人类谋福利而劳动的职业，那么我们将不会被重压，因为这是为全体人民作出的牺牲；我们的幸福已经不是那种可怜的、有限的、自私的幸福了，它是属于无数的人，我们的事业会在沉默中进行，但它将永久地运转。"

2. 职业的发展

职业发展理论是西方国家职业指导理论之一，主要代表人物有美国学者金兹伯格和苏帕尔。金兹伯格将职业发展分为幻想期、尝试期和现实期三个时期；苏帕尔将其划分为成长期、探索期、确定期、维持期和衰退期。职业发展具有阶段性、现实性、理想化等特点。每个专业人士都想实现自己的理想，实现自己的职业生涯。根据马斯洛"需求层级"的观点，一个人的需要得到满足，他对更高的要求的追求就会变成他的行为的动力。在现实生活中，每个人都在追逐自己的理想事业，高校辅导员更是如此。理想的职业包含了理想的收入、理想的工作环境、理想的社会地位、理想的发展空间。一位热爱生活的辅导员，同时期望得到更好的教育、更稳定的工作、更高的工资、更可靠的社会保险、更好的医疗、更好的居住环境、更好的生活。高校辅导员发展起点低，福利待遇低，社会保障水平低，发展空间较小。在这种情况下，为了实现自己的理想，高校辅导员就要树立坚定的理想信念，树立正确的价值观念，在平凡的岗位上表现卓越，在基层作出巨大的贡献，以为国家培养社会主义建设者和接班人为己任，志存高远，脚踏实地，通过学生的发展来实现自己的生命价值、实现职业的发展。同时，学校和有关部门要关心和爱护辅导员，要建立健全辅导员升迁机制、畅通发展渠道、提高工作待遇、改进工作环境、做好发展保障，让辅导员全身心、无顾虑地投入工作、培养人才。

3. 职业的实践

职业理想是指导职业发展、规范职业行为、提高职业能力的重要途径。职业发展影响职业理想，推动职业理想实现。职业理想是指某种生产方式以及所形成的专业地位和声誉在人的脑海中的体现。如果名声不够好，那就是对自己梦想的破坏，这就是职业和职业理想之间的冲突。具体到高校辅导员这个工作，因为上述种种原因，如果你的理想是崇高的，但却是遥不可及的，这会对你的工作造成很大的冲击，从而影响到你的职业生涯，也会影响你的培养目标。在当今社会，大学生的需求是多种多样的，辅导员应充分利用自身专业知识，提高自己的专业能力，为大学生提供全面、系统、有效的服务与指导，使自己成为大学生的职业规划与指导专家，成为学生心灵的工程师、生活的向导，从而实现自己的职业理想。这种职业实践，实际上也是辅导员专业能力的提升、职称级别的提升、社会地位的提升、社会声望的提升。马克思说："在选择职业时，我们应该遵循的主要方针是人类的幸福和我们自身的完善。不应认为，这两种利益是敌对的，互相冲突的。"

三、高校辅导员职业化的必要性

（一）高校辅导员职业化发展是促进大学生全面发展的需要

在改革开放 40 多年的今天，从整体上看，当代大学生的思想主流是积极的、健康的、向上的。然而，由于各种原因，有的大学生在政治信仰、理想信念、价值观、诚信观念、社会责任感、艰苦奋斗精神、团队合作意识、心理素质等方面存在一定的问题，这些问题对大学生的发展造成了很大的影响。大学生是祖国的未来、民族的希望，大学生的健康成长与全面发展对于建设中国特色社会主义具有重大的战略意义。

高校辅导员是大学生思想政治工作的骨干力量，是大学生日常工作的组织者、实施者和指导者。高校辅导员的首要任务是促进学生的身心发展，增强他们的综合素质和能力，促进他们的全面发展。因此，在学生的全面发展中，辅导员个人的综合素质是关键因素。然而，在实践中，无论是作为团体的辅导员还是作为个人的辅导员，都存在着一定的问题和不足。目前，从人的全面发展的角度来看，辅导员的专业素质仍存在不足；从社会关系的全面发展来看，其社会关系与人格发展仍需进一步加强；从人的全面发展的需求来看，辅导员的综合素质有待提高。

（二）高校辅导员职业化发展是大学生群体时代特征发展的需要

每一代的大学生都有自己的时代特征。"90 后""00 后"是当下大学生的主要群体。新时代的大学生受到网络时代、中国转型期、应试教育、享乐主义、实用主义、个人主义、"普世价值"观念的影响，他们的价值观虽然是积极向上的，但也具有个性张扬、追求时尚、敏感好奇、依赖性强、适应能力差、承受能力弱、理想信念模糊、社会责任感差等特点。因此，加强对大学生世界观、人生观、价值观等方面的教育，培养他们成为社会主义的建设者和接班人，具有重大的现实意义。然而，当前的辅导员主要由"70后""80后"组成，他们的成长过程中存在着诸多的负面因素。其中，高校辅导员的职业素质、职业认同、职业地位还不够高，职业能力还不够强，这就需要不断加强辅导员队伍建设，持续提升辅导员专业素质和专业能力，更好地解决大学生在学习、生活、思想、行为、情感等各个方面遇到的问题，不断提高辅导员的职业认同、职业地位、职业素质，促进辅导员职业化发展。新时期大学生的群体特点决定了辅导员是大学生工作的主体，是大学生健康成长的引路人、知心朋友、生活指导者。

（三）高校辅导员职业化发展是提高学生工作水平的需要

高校学生工作主要是以学生为中心、为学生成长成才提供帮助和支持的重要工作，是高等教育不可缺少的重要组成部分。长期以来，我国高校学生工作取得了长足的进展，逐步形成了具有我国学生工作特色的工作理念、工作方式、工作方法、管理模式、组织机构等，为中国特色社会主义建设和中华民族的伟大复兴培养了无数的建设者和接班人。然而，我们必须清醒地看到，随着高等教育的大众化、学生人数的不断增多、学生成分的日益多元、学生需求的多样化、学生问题的不断涌现，学生工作面临前所未有的挑战。

大学生是国家的未来和希望。学生工作要与时俱进，原来的讲授、惩罚、片面强调学习、忽视学生个性和全面发展的工作观念已不能适应学生的长期发展。高校学生工作是一个复杂的系统工程，只有从发展的角度动态地把握、分析和处理学生工作中出现的问题，才能使大学生成为中国特色社会主义事业的优秀建设者和可靠的接班人。大学生心理健康状况是大学生思想政治工作的重要组成部分。当前，高校辅导员工作受到多种因素的制约，存在思想、方法等方面的不足，职业能力、职业素质还有待提高，职业意识和职业道德建设还需加强，必须明确大学生工作的教育、管理、服务职能，进一步推动辅导员专业化成长、职业化发展，以适应高校学生工作的不断变化与发展，提高学生工作水平。

（四）高校辅导员职业化发展是辅导员职业发展的需要

随着高校辅导员制度的不断健全、辅导员队伍的不断建设与发展，高校辅导员的作用也从单一的教育转向了"教育—管理""教育—管理—服务"；辅导员工作方式逐步从兼职转变为专兼职、专职；辅导员的角色从政治上的引导转变为对学生的健康发展的指导、生活的引导；辅导员工作的内容逐渐由政治工作转向集思想政治工作、学习指导和成长服务为一体的现代化教育活动；辅导员队伍从过去的"经验—实施"转变为"科研—专家"；辅导员工作的重点从以党建为中心逐步转变为以党建为中心、以大学生为中心。这就需要辅导员不断地提升自己的素质和能力，使自己在学生成长和成才中的作用得到充分的发挥。然而，由于各种原因，辅导员队伍不够稳定，辅导员自身职业认同感不强，职业角色模糊，职业发展方向不明朗，这些影响了辅导员工作的积极性和主动性。

第四节　高校辅导员职业化理论基础

一、全面发展理论

在中国的教育实践中，全面发展理论起到了重要的作用。全面发展理论对于我国教育实现"面向现代化、面向世界、面向未来"的战略指导方针具有重大指导意义。在这一阶段，全面发展是人的现代化，人的现代化实质上是人的全面发展。人的全面发展过程是符合社会主义现代化进程的，也是社会主义现代化进程中不可缺少的一个环节。全面发展的根本目标在于实现人的科学、文化、思想、道德等素质的全面发展。特别是辅导员专业化的发展，其发展的根本和动力就是学生的全面发展。

（一）全面发展是社会主义教育的根本目标

社会主义教育是社会主义社会发展的需要。社会主义教育是以科学、文化、思想、道德等为根本目的的社会实践活动。社会主义大学作为社会主义教育事业的中坚力量，在为社会主义事业培养合格建设者和接班人方面发挥着不可替代的作用。而只有坚持全面发展的社会主义人才培养目标，才能充分实现社会主义大学的本质要求。"全面发展"这一教学目标，从客观上讲，就是要使大学生正确地认识自己的发展与社会的发展，使他们更好地了解"全面发展"并非以个人为本，而是与社会的发展相互依赖、共同发展。要通过教育和引导，让他们树立正确的价值观，克服拜金主义、享乐主义、极端个人主义等不良风气，正确处理物质利益与充实精神生活之间的辩证关系；要通过教育和引导，使大学生在充分发挥主观能动性的前提下，自觉地克服个人发展中存在的偏颇，使其由自发发展向自觉发展转变。

（二）全面发展是高校辅导员专业化发展的基础

在我国高校辅导员的职业生涯发展过程中，高校辅导员专业化是高校辅导员队伍建设的必然趋势，也是高校辅导员队伍建设的一个重大问题。促进高校辅导员专业化发展的动力主要来源于高校的实际需求、高校思想政治教育和学生的综合素质教育。从本质上讲，辅导员专业化是实现"全面发展"的一种客观需要，而推进其"全面发展"则是其实施的必然前提。

综合发展包括智力和非智力两方面。但是，受高考教育制度等诸多因素的影响，目前我国高校普遍存在着对"知行"教育不讲道德的现象。在改革开放的早期，"学好数理化，走遍天下都不怕"有一定的社会依据，因为当时人才稀缺，而到了今天，随着全球化、信息化的发展，以及知识的不断更新，在竞争越来越激烈的社会环境中，大学生全面发展的重心就是提升他们的核心能力。道德教育对大学生的全面发展起到了很好的引导和心理支撑的作用。对大学生道德素质的培养，有助于个人的全面发展，克服思想上的迷茫，解决现实问题，充分发挥个人的聪明才智，充分调动各种因素，使各因素相互协调，从而形成个体良好的知识结构与素质结构。在知识与非智力要素的教育分工方面，高校有着清晰的制度体系和基本需求。智育教育通常在教室里进行，是一种显性的课程；而非智育教育则包含了社会实践、班团建设、党支部活动、学习发展、心理健康、职业发展等方面的隐性教育。隐性课程在大学生的全面发展中具有重要的作用，但受各种因素的制约，其在实践中往往缺少专业的学科支持。像隐性课程这种广泛性的领域，通常都是由辅导员来统一管理，在具体的工作层次上，更多的是以实务为主，而不是以专业为主。面对辅导员的应然状态和实然境遇之间的矛盾，辅导员职业化发展可以说是破解矛盾的金钥匙。而以大学生的全面发展理论为指导，以促进大学生的全面发展为准绳，将是辅导员职业化发展的理论依据和实践标准[1]。

---

[1] 池源. 新时期高校辅导员职业化发展的创新研究 [M]. 北京：冶金工业出版社，2020.

二、德育为先理论

（一）立德树人是高校教育的根本任务

加强和完善高校思想政治工作，必须坚持"德育为先"。德育是学校教育的基本职能，而道德教育是以德育为中心的。高校的主要功能是培养人才，开展教学科研，服务社会，传承文化。其中，人才的培养是教育的基本目的，而学校的一切工作都要以培养人才为中心。全职教师在授课的同时，也要体现教师的师德；其他管理、辅助、服务等方面的教育工作者，也都在自己的工作范围内施加着自己的特色和独特的教学影响。因此，在高校的工作体系中，培养人才是每个人的责任。要实现全方位的教育管理与服务，必须让各类教育的影响力量相互促进，为高校的人才培养和全面发展提供制度保证。

"立德""树人"是高校基本任务不可分割的两大要素，它具有内在的统一性，它应与学校的人才培养和学生的全面发展相结合。其中，"树人"需要"立德"，而"立德"的基本目的是"树人"。只有把道德教育与人才的全面发展相结合，才能使道德教育在"树人"工作中发挥出应有的作用。只有加强对优秀人才的培养，才能充分挖掘其潜能，培养社会主义合格建设者和可靠接班人。

（二）道德教育在育人过程中的重要功能

高校道德教育是大学生思想政治教育、道德教育和精神卫生教育的重要内容。本书从道德教育的内涵出发，对道德教育的基本职能进行了推敲。

1.培养大学生对社会的科学信仰

高校道德教育要立足于历史唯物主义，遵循社会发展的基本规律，针对大学生的心理状况及存在的主要问题，对其进行教育引导，从而为其成长、成才提供社会理想。

2.培养大学生的良好人格

个体能否成为一个人，能否实现自己的价值，离不开社会化环境和社会评价。个人的优良品质在个体的自我实现与社会评估中起着关键的作用。道德教育对大学生道德品质的培育、道德品质的提高、道德标准的形成，起着举足轻重的作用。

3. 促进大学生主动性与创造力的培养

道德教育具有多种载体，具有与社会实践密切相关的特点，从而使道德教育更加贴近大学生的心理，有效地激发大学生的社会责任感和使命感，增强其自我发展的主体性，提高工作开展的创造性。

4. 协助规范行为的形成

行为的形成是一项长期的工作。好的行为可以培养好的习惯，好的习惯可以培养好的品质。道德教育既对学生的思想、理论知识起到解惑的作用，又对"知行合一"的教育起到重要作用。特别是在教育指导、监督、反馈、评价教育对象等方面，对高校的道德教育具有重要的规范作用和指导意义。

道德教育的根本功能，充分反映了道德教育在整个社会生活中的主导地位。"德育为先"并非意味着道德教育要取代其他教育因素，而是强调道德教育对人才培养目标、人才培养进程、人才培养成效的促进和保障作用。只有坚持"德育为先"，德智体美劳等各方面的教育要素相互影响、互相制约，才能形成一种科学的合力，推动人才的全面发展。

（三）"德育为先"是辅导员职业化发展的价值依托

德育是学校教育的重要组成部分，辅导员工作是学校德育工作的重要组成部分。

"德育为先"的教育理念，赋予了高校辅导员沉重的历史使命与教育责任。当前的国际、国内形势发生了深刻的变革，面对当前的现实矛盾与问题，唯有促进辅导员真正发展，才能够使辅导员积极适应各方面的形势变化，深入细致了解大学生的发展需求并给予及时有效的教育指导，才能够使辅导员真正发展成为大学生生活中的指导者和知己，承担起辅导员的工作职责和使命。"以人为本、以德为先"的教育理念，已成为高校辅导员职业化发展的一种价值支撑。

"德育为先"是高校辅导员职业化发展的重要理论基础。"以德为本、以德为先"的理念确立了道德教育在大学教育与人才培养中的主导作用，从客观上说，要提高道德素质，促进职业发展。当前，思想政治教育在高校中发挥着重要的作用。但由于多种因素的影响，当前高校思想政治教育的实际发展受到了很大的挑战。而影响高校思想政治教育的健康、可持续发展的关键因素是高校思想政治工作中的辅导员。我国高校辅导员队伍建设经历了从社会主义革命到建设两个阶段。随着我国高校思想政治工作的不断深入，我们的高校思想政治工作在理论和实践方面积累了丰富的经验，但在队伍建设和发展道路上存在着一些分歧。中共中央、国务院印发的《关于进一步加强和改进大学生思想政治教育的意见》立足于我国的教育战略和方针，把高校思想政治工作上升到战略高度，明确了辅导员的发展道路，解决了辅导员队伍建设的方向问题，为辅导员职业化发展提供政策依据。

"德育为先"是高校辅导员职业化发展的实践指导。在"以人为本、以德为先"的教育理念指导下，我国高校辅导员职业化发展已获得了广泛的认可，并在实践中形成了许多具有代表性的实践和模式。这一方面极大地激发了辅导员队伍的工作动力和工作热情；另一方面，也积累了丰富的高校德育工作创新素材。可以说，大学德育工作中存在着"发现问题—探究—提高素质"这一良好的工作循环。在"德育为先"教育理念的指引下，辅导员的职业化发展已经步入了一个健康发展的轨道。

高校辅导员职业化的科学发展离不开"德育为先"这一理念。在高校辅导员职业化的发展过程中，不仅要突出德育的意义和价值，更要注重德育与其他工作的紧密配合，使德育与智育有机结合。只有把"以人为本、以德为先"作为辅导员职业化发展的价值依托，才能使学生的身心得到充分的发展。

第二章 高校辅导员职业素养与职业道德

第一节 高校辅导员职业素养的确立依据

一、高校辅导员职业素养确立的理论依据

（一）马克思主义经典著作的理论指导

1.关于人的本质理论

马克思主义认为，"人的本质不是单个人所固有的抽象物，在其现实性上，它是一切社会关系的总和"。在马克思和恩格斯看来，人是处在和他周围世界的特定关系之中的，只有通过这种关系以及其各种各样的表现形式，才能对人的本质进行把握。而人的社会关系的产生又体现在具体生产劳动中，并且这种关系处在不断的发展变化中。人在改造自然的过程中不是相互分割、孤立的，而是彼此联系、相互作用的总体。这就在一定的社会环境中建立某种社会联系，在这样的社会基础上塑造了人的本质。人的本质的社会性，规定人是社会关系的集合体，人的生活状态、性格乃至生命都不可避免地受其所处的社会关系的影响。人可以通过环境或者与他人的相互联系、相互作用，影响或者改变自己原来的品性、认识等。

马克思主义还认为，"他们的需求，也就是他们的天性"。人类的需求与本质之间有着内在的关系。人类的社会劳动和生产实践活动是人类最根本的需求，这是人类历史形成的基本条件。而人的社会劳动和生产实践活动又以人的

需求为基础、以人的需求为内因。离开人的需求，讨论人的劳动实践活动，就会丧失其意义和价值，也就不可能有人类社会与历史的发展与进步。在马克思主义看来，人的需要是改造世界的动力和源泉，也是人的实践活动具有选择性的内在原因。它不仅展示了人的本质，还使人的本质外化。因此，马克思主义认为，人既是自然的，也是社会的，他们之间是通过实践活动实现统一的。

高校辅导员同样具有自然属性和社会属性。高校辅导员是高校与大学生之间的衔接点和纽带，是高校实现立德树人的重要力量，也是影响大学生成长成才的关键人物。马克思主义关于人性的本质理论是大学生心理健康教育的重要理论基础。具体地说，就是为高校辅导员从根本上认识自己提供了重要前提。

2. 关于人的价值论

马克思相信，只有为全人类作出的牺牲，才能使人们获得永恒的快乐。马克思曾经说过："整个所谓世界历史不外是人通过人的劳动而诞生的过程，是自然界对人来说的生成过程。"马克思认为，人民是历史的缔造者，其终极价值在于实现人类的自由与幸福。马克思说，"价值"这一普遍性的观念源于人们处理外部事物以满足其需求的关系。他补充道："劳动者有一种价值，那就是把它再用来管理自己的劳动，然后再用它来创造新的价值。"这表明人的价值要从人的社会关系中考察，人的价值体现在具体的社会历史和社会劳动中。马克思主义认为，人的价值还受到一定社会的物质条件和发展的客观要求的制约和支配。人在实现其价值时，还必须考虑时代发展方向的问题，只有方向、道路正确了，顺应时代发展的要求，才能发挥对社会和人类进步的作用。

马克思主义关于人的价值论，有助于我们加深对新时代高校辅导员实现其真正价值的理解，为高校辅导员认清其扮演的角色提供了理论来源。本书旨在为高校辅导员的专业素质研究提供一定的理论支持，为高校辅导员职业素养的养成提供了方向。

（二）职业发展理论的省思

1. 需求层次理论

心理学家马斯洛认为，人类的需求可划分为五个层次，即生理需求、安全需求、社交需求、尊重需求、自我实现需求。这些层次呈现从低到高的趋势。需求层次理论是职业发展阶段的基础理论，每一个层次的需求对应人的职业发展的不同阶段所体现的需求特征。

高校辅导员在职业实践中的价值追求与高校辅导员的职业发展紧密相连。需求层次理论对高校辅导员的职业素质和职业发展具有重要的指导意义。

2. 职业发展阶段理论

职业心理与职业行为的成熟期是职业发展阶段的重要内容。职业发展阶段理论认为，不同的生命发展阶段与其主要的事业发展目标相联系，人的事业发展是一个长期的、连续的发展过程。

根据人的不同年龄层对待职业的态度、需求以及所面临的职业发展关键任务，萨帕指出，事业发展可以分为五个主要阶段：成长阶段、探索阶段、建立阶段、维持阶段和衰退阶段。施恩认为，职业生涯可以分为九个阶段：幻想与探索、成长、进入职场、基础培训、初级雇员培训、职业中期、职业中度危险期、事业末期、衰退和离职。在金斯伯格看来，一个人的职业发展可以划分为幻想、尝试和现实三个时期。格林豪斯则认为，一个人的职业发展可以分成五个时期：职业预备、进入组织、开始职业生涯、职业生涯中期和职业生涯晚期。

高校辅导员具有教师与管理者的双重身份，在他们的事业发展中，如何才能获得更好的发展？职业发展阶段理论为高校辅导员职业素养研究和职业化发展提供理论指引。

3. 人职匹配理论

人职匹配理论是对人格特征与工作属性之间的匹配关系进行研究的。帕森斯认为，人在职业选择时应重点关注了解自己、了解职业和职业选择决策三方面的因素。霍兰德认为，不同的人格类型应匹配不同类型的职业。他把人格类型主要归类为艺术型、研究型、现实型、企业型、社会型和传统型等六种，不同的人格类型相互相近、联系或排斥。每种类型的人格也会对应相应的职业类型，从而形成最佳匹配。

高校辅导员是学校的管理者和教师，也是学校的日常工作和思想政治工作的组织者和指导者。什么人才可以成为高校辅导员？哪些人可以胜任辅导员工作？人职匹配理论为高校辅导员的专业素质与聘用、退出机制提供理论参考。

（三）中国传统教育思想的借鉴

1. 古人的教师观

子曰："爱之，能勿劳乎？忠焉，能勿诲乎？"这意味着教师要爱学生，忠于职守。在他看来，作为教师应"学而不厌，诲人不倦"，不断学习、不断进取，以高度认真负责的态度对学生倾囊相授，孜孜不倦。子曰："不能正其身，如正人何？"身为教师，要做好榜样，知行统一。子曰："躬自厚而薄责于人。"吾日三省吾身，作为教师要严以律己，宽以待人，善于自省。

唐代杰出思想家韩愈在《师说》中说："师者，所以传道受业解惑也。"教师，应该是道的代表，作为教师首先要知"道"，然后传授"道"，再就是传授知识，解答疑惑。他认为，传道是教师首要职责和使命，要以传道为本，辅之以授业和解惑。他又说："道之所存，师之所存也。"要成为人师必须具备一定的条件。北宋教育家张载曾说："为天地立心，为生民立命，为往圣继绝学，为万世开太平。"他认为，教师应该有理想、有抱负、有强烈的社会责任感。南宋教育家朱熹说："某此间讲说时少，践履时多，事事都用你自去理会，自去体察，自去涵养。书用你自去读，道理用你自去究索，某只是做得个引路底人，做得个证明底人，有疑难处同商量而已。"在朱熹看来，教师是学习的主导，学生是学习的主体。他说："师友之功，但能示之于始而正之于终尔。"他认为，教师在指引学生学习方面，起着非常关键的作用。

明代教育大家王阳明曾说："吾平生讲学，只是致良知三字。"作为教师的第一要务就是"致良知"，帮助学生恢复其善的本性。在他看来，教师要注重引导学生自省修心、独立思考，寻求解决问题的方法，用平等、亲切的态度与学生相处，做到知行合一。

高校辅导员作为大学生的德育教师，他们的言行时刻影响着大学生成长，是学生道德素养发展的榜样。高校辅导员应该成为怎样的人？高校辅导员应具有什么样的专业素质？古人的教师观可以为高校辅导员职业素养的研究提供历史理论借鉴。

2. 古人的育人观

孔子主张：道之以德，齐之以礼，有耻且格。如果用道德来引导广大百姓，用礼节来感化百姓，百姓不仅会有羞耻之心，而且会有顺服之心。子曰："古之学者为己，今之学者为人。"他认为，育人的目标是培养学生的道德人格，从而"正心"，以成君子。在《大学》中如是说：大学之道，在明明德，在亲民，在止于至善。

董仲舒认为教育应明道重志，必仁且智；强勉行道，进善诛恶，即要注重道德修养和坚强意志的养成，将道德教育与智育相结合，以实践为本，为国家培养德才兼备的人才。

韩愈在《原道》中说："古之欲明明德于天下者，先治其国；欲治其国者，先齐其家；欲齐其家者，先修其身；欲修其身者，先正其心；欲正其心者，先诚其意。"他认为应把修心养性作为人才培养的根本。

在张载看来，人要成为圣贤君子，必须改变人所处的环境，这种影响人后天发展的因素，回归先天自然的纯善纯洁，而方法就是学习礼仪道德。他把人的道德培养作为达到圣人境界的根本。朱熹认为，教育的目标在于让受教育者明哲保身，达到圣人之境。他以自己的实际行动为基础，把道德修养看作是育人的根本。

王阳明提出：无善无恶心之体，有善有恶意之动，知善知恶是良知，为善去恶是格物。

高校辅导员归根结底就是做人的工作，"培养什么样的人"不仅是一名高校辅导员应该考虑的问题，也是国家和社会赋予高校的任务。古人的育人观可以为我们树立科学的人才培养的目标、提升高校辅导员职业素养提供借鉴。

二、高校辅导员职业素养确立的现实依据

（一）基于大学生思想新变化与大学生发展的共同需要和期待

高校辅导员职业素养研究的最终指向之一是为了让高校辅导员更好地实现"以德为先"的基本任务。高校辅导员作为大学生思想政治工作的组织者、实施者和引导者，在思想观念、道德修养、行为习惯等方面都有着不容忽视的作用。目前，我国大学生的思想出现了诸多新变化、新情况。我们对大学生的核心素质进行了分析，认为核心素质包括文化基础、自主发展、社会参与三个维度，即人文底蕴、科学精神、学会学习、健康生活、责任担当、实践创新六大方面。大学生在面对观念上的问题、价值取向、学习生活、择业交友和心理困惑等时常出现疑虑与彷徨。因此，高校辅导员职业素养结构模型的建构和职业素养提升的对策，必须重视大学生思想新变化和大学生核心素养发展的共同需

要和期待。

1. 大学生思想特点的新变化

（1）理想信念模糊，价值观偏差。

大学生身处改革开放的新时期，物质生活丰富，精神世界发生了深刻的变化。特别是身处互联网时代，虚拟社交方兴未艾，使得他们思想意识上自由独立度高，自我意识感强。当前，大学生更多地利用网络、新媒体等获取知识和信息，但网络、新媒体的内容良莠不齐、信息真假难辨，在多元文化的交融交汇中，大学生个体极易受不良思想的影响，导致部分学生理想信念出现模糊，价值观产生偏差。

（2）社会责任感欠缺，时代使命感不强。

随着我国"四个全面"（全面建设社会主义现代化国家、全面深化改革、全面依法治国、全面从严治党）战略布局的推进，社会主义进入新时代，大多数大学生对社会经济发展情况比较满意，坚定中国的民族富强、民族振兴、人民幸福的理想信念，为中华民族的伟大复兴而不懈地奋斗。但也有一些大学生忧患意识不强，崇洋媚外，坚持社会主义建设、民族独立发展定力不足，家国情怀淡化，趋于追求享乐，导致社会责任感和时代使命感缺失。

（3）诚信意识不强。

面对飞速发展的社会，部分大学生表现浮躁焦虑，在做人做事上急功近利，作业抄袭、学术造假、考试作弊时有发生，对说谎话编故事、违背诺言、违纪违规的行为不以为意。加之社会诚信体系不完善，导致部分大学生自我约束不强，容易出现知行不一。

（4）抗压解压能力有待提高。

大学生家庭环境得到大大改善，衣食无忧，吃苦较少，加之父母对其宠爱有加，导致大学生自理和自立能力不足。当他们面对纷繁复杂、激烈竞争的社会，遇到失败和困难时，往往会难以适从、不堪忍受，容易产生心理不适。当大学生在学习、工作、生活、情感等方面遇到问题时，他们承受的压力不断增大，压抑、焦虑、偏激、多疑、自卑、孤僻等心理问题更加凸显。

伴随大学生思想特点的新变化，辅导员要做好大学生的思想引领，成为大学生成长成才的人生导师，提高辅导员的工作素养水平和层次是关键。因此，要适应这些新变化，研究高校辅导员职业素养结构模型及其提升对策显得尤为必要。

2.大学生核心素养发展的需要

大学生的核心素养是对"怎样的人"进行素质教育的具体论述，在当前的形势下，高校人才培养的关键就是重视大学生核心素养的养成和培育。发展学生核心素养在当今世界受到许多国际组织和政府的关注和重视。20世纪末，世界经济组织指出，核心素养可以使个人拥有良好的、成功的生活。21世纪初，联合国教科文组织为全面提高世界各国的教育质量，启动了"学习指标专项任务"，建构学生应该达到的学习目标体系。2005年，欧盟把核心素养纳入所有教育体系中，希望成年人在其整个生涯中都不断地发展、维持和更新这些素养。美国学者认为，培养学生的基本素质，是为了培养具备21世纪的专业技术和核心竞争力的人才，确保他们在学校所学到的知识能够适应社会的发展，成为一名合格的社会公民、职员和领导者。林崇德教授认为，学生发展核心素养就是"学生在接受相应学段的教育过程中，逐步形成的满足个体生命与社会发展需求所必需的品质与主要能力，它是关于学生知识、技能、情感、态度、价值观等多方面要求的结合体"。[①] 他认为，学生发展核心素养可以为未来的课程目标的设置和教育队伍的建设发展提供参考和依据。

这些关于学生发展核心素养的探讨和研究，不仅是国际社会十分重视学生教育与培养的表现，也是国际社会为促进社会健康发展而进行的一次有益的探索，以帮助学生顺利地融入社会，这既能满足自身的需求又能促进社会的健康发展。在培养和发展学生核心素养的过程中，辅导员起着举足轻重的作用，要把学生的核心素质相结合，就必须强化辅导员的职业道德建设。这些都为提升这一群体的职业素养提供了努力的方向，也有助于推动大学生核心素养的养成和培育。

（二）基于高校辅导员发展的必然要求

高校辅导员的发展作为高校辅导员职业素养研究的归宿之一，就是要让高校辅导员能在激烈的竞争中安身立命、永续发展和实现人生价值。

2014年，教育部发布的《高等学校辅导员职业能力标准（暂行）》明确了"八项能力"和"三层次"，以促进辅导员"专业化"为目标。

[①] 林崇德.21世纪学生发展核心素养研究[M].北京：北京师范大学出版社，2016：29.

2016 年末，习近平总书记在全国高校思想政治工作会议上强调："教师是人类灵魂的工程师，承担着神圣使命。传道者自己首先要明道、信道。高校教师要坚持教育者先受教育，努力成为先进思想文化的传播者、党执政的坚定支持者，更好担起学生健康成长指导者和引路人的责任。"

2017 年 9 月，教育部发布的《普通高等学校辅导员队伍建设规定》明确提出，高校辅导员在教师、管理中起着举足轻重的作用，要确保学生工作有条件、做事有平台、发展有空间、待遇有保障。

《中共中央 国务院关于全面深化新时代教师队伍建设改革的意见》于 2018 年 1 月印发，其中明确指出："教师承担着传播知识、传播思想、传播真理的历史使命，肩负着塑造灵魂、塑造生命、塑造人的时代重任，是教育发展的第一资源，是国家富强、民族振兴、人民幸福的重要基石。""各级党委和政府要从战略和全局高度充分认识教师工作的极端重要性，把全面加强教师队伍建设作为一项重大政治任务和根本性民生工程切实抓紧抓好。"

这一系列文件的出台体现了党中央、国务院高度重视高校辅导员队伍建设，并提出了对高校辅导员工作的具体要求。但目前我国高校辅导员队伍建设还面临着诸多问题与困难。因此，对高校辅导员职业素养结构模型的建构及其职业素养的提升都务必正视高校辅导员发展的要求。

第二节　高校辅导员职业道德内容与要求

一、高校辅导员职业道德内容

（一）政治素质

政治素质作为一种特殊的品格，是指人们为了达到自己的基本利益而进行的各种精神和实践活动所具有的某种特质。具体来说，政治素质是大学生思想政治方向、政治水平、政治观点、政治纪律、政治立场和政策水平的综合体现。

1. 坚持正确的政治方向

政治取向是指特定阶级、不同派别、不同政治团体的利益与需求。大学生思想政治取向是否正确，是衡量高校思想政治工作成效的一个重要标准。高校辅导员要牢固树立共产主义理想，高举马克思列宁主义、毛泽东思想、邓小平理论、"三个代表"重要思想、科学发展观、习近平新时代中国特色社会主义思想伟大旗帜，把中国特色社会主义建设得更加牢固。在这种政治取向下，高校辅导员才能在多元化的社会背景下走上正确的道路，热爱自己的职业。

2. 坚持正确的政治观点

政治立场是指人民对政治问题的观察与处理的根本出发点与态度，是指他们所代表的阶级、派别和政治团体的利益和要求。在社会阶级中，社会阶层的不同导致社会政治制度、法律制度和思想观念等方面的差异。高校辅导员工作是一种特殊的工作，在学生工作中，只有以广大人民的利益为出发点，坚持自己的原则，同党的政治思想保持高度的统一，抵制各种腐朽思想的腐蚀，经受住各种诱惑和考验，才能把思想政治工作做好，把历史交给他们的任务做好。

3. 严格遵守党的政治纪律

党内政治纪律是党内政治生活中的一项基本准则，它是对党和国家各级组织和广大党员的政治行动和政治讲话进行规范和调节的一种行为规范。坚持党的政治纪律，就是对高校辅导员在处理大是大非的原则问题和政治问题时，要坚决贯彻党中央的决策部署。邓小平同志多次强调，要严格遵守党的路线方针政策，不能上有政策、下有对策，不能阳奉阴违，不能违反党的路线和方针。我们必须在思想上、政治上、组织上与党中央保持一致，保证政令的畅通。对高校辅导员来说，要严格遵守政治纪律，维护党的根本利益，认真执行党的方针政策路线，这是学生的思想政治工作的基础。如果有与中央不一致的观点，或者对党的路线方针政策表示怀疑或不满，就会造成反宣传的影响，从而造成学生思想上的混乱，使党的利益受到严重破坏，导致思想政治工作的失败。可见，在政治上，绝非小事，党的政治纪律严格遵守是政治教育工作者的党性，影响着思想教育工作的成败。

4. 较高的政策水平

在政策层面，辅导员的职业道德主要是指对党的政策的认识、理解和贯彻。具备较高政策水平是指辅导员在贯彻党的政策、方针、路线的过程中，按照自身的实际状况，正确地定义各类问题。在实践中，各类矛盾往往是相互交织的，高校辅导员要想使其更好地发挥作用，就必须熟练掌握和运用好这些政策。

（二）思想素质

1. 正确的思想观念

正确的思想理念是以科学的思维方式来引导的，在社会经济政治形势不断改变的今天，科学的思想和理念也在不断地改变。我们要与时俱进，以科学为武器，做好大学生思想政治工作，做好高校学生的日常工作。首先，高校辅导员要树立正确的人生观、世界观和价值观。人生观是人对生活的看法和观点，它决定着人的思想、行为，决定着人的人生道路，影响着人的价值判断。在高校德育工作中，辅导员的作用尤为突出。高校辅导员要树立"以德为先""以人为本"的人生理想，正确地面对和解决生活中出现的种种问题和矛盾。同时，只有在正确的人生观指导下，热爱这项光荣而又艰巨的工作，才能舍弃眼前的得失，投身于教育事业，才能使人生的价值最大限度地实现。价值观是人生观的核心，主导人类的思想、行为。世界观是人类对于世界的根本观念和态度。科学的世界观有助于人类根据客观规律去理解和改造世界，这样才能推动人类的进步。高校辅导员要树立正确的世界观，首先，必须从客观、全面的辩证、发展、实践、历史分析、阶级分析、人民群众的角度去认识、分析世界和坚持社会主义必胜的信念。其次，树立"以人为中心"的思想，将工作的重心放在学生的发展上。这就要求高校辅导员要以人的全面发展为起点，充分体现人文精神。具体地说，高校辅导员"以人为本"的思想体现在三个方面：一是以学生为本，充分发挥学生的主体性，充分尊重和培养学生的主体性；在课堂教学中，要使学生的主体性和自主性得到充分的发挥，自觉地培养学生的主体性，促进其自由、全面、健康地发展；二是以学生的发展为目的，全面满足学生的需要，从而使他们的思想政治素质得到全面提升；三是以培养学生为本，充分发挥其创造力。从价值的视角来看待人的全面发展，也就是人的价值得到了充分的体现。人类的潜力是人的实际创造性，即其价值的全面实现。要使学生的潜能得到全面开发，必须从培养学生的创新意识、能力、人格等方面入手，特别是思维素质的养成。在知识经济、经济全球化的冲击下，我们必须加强对学生的创造能力及创造精神的培养，而良好的思维品质则是创新精神与创新能力的先决条件与依据。因此，高校辅导员要从加强大学生的思想政治素质入手，充分发挥其潜力和价值。

2. 科学的思维方法

科学的思维方法是人类发展的关键。思维活动是最基本和最重要的活动，它是人们了解这个世界的媒介。思维方式是人在生活中解决问题的一种重要手段，具有系统整体性、相对稳定性、自动性、历史性和规范性等特点。恩格斯曾说："任何时期的学说和思想，都是历史的结果，它们在各个时期表现得很不一样，因此也就有了很大的差异。所以，思想科学，如同其他学科，都是一门历史科学，研究人类思想的历史发展。"列维·布留尔也指出，"某种社会，如果有自己的体制和习俗，就必须有自己的思维方式，思维方式也会与不同的社会类型相适应"。高校辅导员要找到一种科学的思维方法，就必须建立一种辩证的、唯物的思维方法。客观事物之间存在着差异与关联，而内在要素的对立性使得事物始终处于不断运动与变动中；一切事物都被分成了整体与局部，而各部分与整体之间也有某种联系，这些联系就构成了一个整体。这就要求高校辅导员不能一成不变、片面、孤立地看待事物，要从整体、联系、历史和发展的角度，对客观事物的产生、存在和发展进行综合的分析和掌握。因此，高校辅导员要树立"唯物""辩证"的思维模式，其具体表现为从全局的角度来看待问题。高校辅导员的工作是人的思维活动，这就要求高校辅导员要从全局的角度来思考问题。首先，要对学生进行综合、客观的评估。高校辅导员要充分发掘学生的优势，客观地看待大学生思想的形成、发展和转化并全面的分析。在实际工作中，辅导员要尽可能充分地掌握丰富的知识，从多个方面对学生的思维产生的原因进行分析，分析转化的条件、时间、限制和可能的结果，并采用恰当的转化方式，以增强学生学习的积极性。其次，要坚持以发展为中心的思维模式。发展的思想方法是辩证唯物主义理论的一般特点，而唯物辩证法则是"最全面、最深入、最没有一边倒的发展理论"。坚持发展思路，要充分认识到高校思想政治工作的长期性和复杂性，必须从运动、变化、发展的角度去观察、分析原因、解决各类问题。最后，高校辅导员要将学生置于特定的历史环境中进行科学的分析；要对过去、对现在、对未来的事情有一个清晰的认识。同时，要敢于创新，敢于接纳新鲜事物，善于把握机会。

3. 优良的思想作风

在工作和生活中，作风是人们所表现出来的一种心态，是人的思想品德的一个重要组成部分，是人的全面反映。高校辅导员队伍建设中的素质及思想作风主要体现在以下几个方面。

（1）实事求是的思想作风。

实事求是的思想作风是中国共产党在长期实践中所养成的优良传统，是高校辅导员应具有的品质。高校辅导员要立足于工作实际，坚定马克思主义立场，坚持实事求是的思维方式，从思想政治教育管理的角度出发，探讨高校思想政治教育管理的规律，并运用规律对学生进行教育、指导。

（2）密切联系群众的思想作风。

密切联系人民群众是我们党的一项优良传统，也是我们党的一项重要工作。密切联系群众的实质，就是要从群众中来到群众中去，就是一切为人民服务，一切依靠人民。对高校辅导员而言，要坚持"以人为本"，尊重学生、体谅关怀学生，挖掘学生的潜能发展学生的智能，满足学生的需求，使学生自由和全面发展。

（3）批评和自我批评的思想作风。

批评和自我批评是我们党在处理党内矛盾、处理人民内部矛盾、维护思想政治纯洁性的一种重要手段。所谓批判，就是指出缺点和错误，剖析其成因，并提出解决办法。自我批评就是对自己的错误、缺点进行自我剖析和检讨。批判与自我批评的本质，就是坚持事实，用民主的方法纠正错误。对高校辅导员来说，他们的批评和自我批评体现在：一是坚持原则；二是敢于批评；三是勇于面对自己的不足和错误，不断地检讨自己，谦虚地接受批评。

（三）道德素质

辅导员是高校学生健康发展的指导者和引路人，除了要有科学的理论依据，还要有高尚的品德。高校辅导员只有具备了高尚的品德，才能使其工作更具吸引力、更具感染力，从而更好地适应时代的需要。道德具有阶级性、历史性、自律性、民族性和稳定性等特点。在人类社会中，人们的工作种类繁多，因为性质的差异，各行各业都有自己的道德准则。高校思想政治工作和日常管理工作的特殊性决定了辅导员对职业道德素质的要求比一般职业更高。辅导员的职业道德素质应包含以下几个方面。

1. 爱岗敬业

爱岗敬业，即热爱学生的日常工作，热心于辅导员的工作。具体地说，高校辅导员要从积极的角度去理解辅导员工作的意义，客观地剖析物质与精神追求的关系，从心底激发对工作的热爱。对于大学生管理工作，一贯恪尽职守，追求完美的态度与精神，是一种敬业的精神。只有将学生的工作视为自己的追求，为之奋斗，并全身心投入这项艰巨的工作中，才能在平凡的岗位上成就不平凡的事业。

2. 关爱学生

关爱学生，体现了高校辅导员的爱岗敬业精神，是其工作有效开展的先决条件。作为高校的辅导员，要做好学生工作，就要付出自己的爱心。只有爱自己的学生，对他们的思想认识有很好的把握，才能对其进行有效的思想政治教育与管理，充分发挥学生的学习兴趣，从而促进他们人格的发展。

3. 为人师表

为人师表既是对教师的赞美，也是教师的道德标准。在高校教育中，辅导员扮演着举足轻重的角色，它要求辅导员在各方面都要成为学生的楷模。正如"身教胜于言传"，高校辅导员要充分发挥自己言传身教的作用，做到言行一致、品行端正、以身作则，起到良好的德育效果。

4. 甘于奉献

我们常常把教师比喻成一支燃烧自己、照亮他人的蜡烛。高校辅导员要有这样的敬业精神，把自己的一生都献给社会。虽然高校辅导员在社会上的地位和工作待遇都得到了极大的改善，但相对于辅导员的艰苦工作，他们所得到的物质报酬却要少很多。大学生思想政治工作是一个长期而艰巨的任务，其投入多、回报低，在短期内很难见效。没有回报，就缺少了长久坚持的信心。这就需要辅导员不畏艰险，甘于人梯，在思想政治工作中不断拼搏，力争成为一名优秀的思想政治工作者。

5. 学而不止

作为高校辅导员，首先要具备"学而不厌"的精神。在工作中，身为大学生的思想引导者，要有自己的知识和阅历。要想让学生喝上一杯水，那自己就要有一桶水，甚至更多。唯有活到老学到老，不断地更新自己的思想和知识，才能引导学生不断进步。

6. 开拓创新

辅导员每天都要面对思想活跃的大学生，他们的思想没有固定的模式，因而，要做到与时俱进，立足现实，勇于创新，勇于探索，因材施教。高校辅导员要想在工作中开辟新的空间，做好学生工作，就要有开拓创新的精神。

二、高校辅导员职业道德要求

（一）在高校思想政治工作中职业态度是关键

从对特定职业的认知到形成这种职业价值观念的转变，这就是职业态度。人们对某种职业有什么样的态度，在这个行业中，会形成一种价值观念，也就是职业价值观。职业态度的形成与个人对职业价值的认知，以及个人的职业追求有关。

1. 树立正确的职业价值观念，正确认识职业差异

职业观念是以工作态度为中心的，而职业差异则容易受到社会的评价，目前社会对职业的评价主要是用收入、工作的舒适和劳累来衡量。因此，辅导员要树立正确的职业价值观，就要摒弃"金钱至上""实用主义""自我至上"的价值观，正确地看待职业差异，热爱自己的事业。

2. 确立正确的事业目标，立足本职，为事业作出贡献

高校辅导员要有一个清晰的事业目标，并坚信"三百六十行，行行出状元"；确立自己的事业目标，立足本职，在工作中取得优异的成绩。

3. 树立正确的职业观念，寻求竞争与伦理的最佳结合

高校辅导员要明晰竞争与进取、开拓创新与投机、搞歪门邪道的界限，强调追求自身德、才、学、识等综合素质的提高，坚决克服以个人私利为目的的个人主义，要树立正确的职业观念。

（二）正向职业情感是培养大学生思想品德的必要因素

1. 情绪是人类对外界刺激肯定或否定的心理反应，是情感的直接表达

职业情感是指在工作中所显示的喜爱、否定、厌恶的倾向。要做好工作，就需要有一种职业的情绪。这种情绪是一种从工作中获得的内在经验。在工作中，积极的职业情绪可以激发我们的工作热情，积极地改善和完善自己，促使我们不断创新、不断改进，从而实现自己职业生涯的发展。

在高校辅导员的职业道德建设中，具有正向的职业情感是必不可少的。高校辅导员的工作就是和学生打交道，辅导员的一言一行、一颦一笑都会影响学

生的生活、学习和工作。同时，辅导员的工作态度、行为习惯会极大地影响学生，而积极的工作态度，会让辅导员的工作更加投入，而这种投入会直接影响学生工作的效率和行为，从而促进学生的思想和行为的正向转变。

2. 职业情感是高校辅导员工作特色的客观要求

高校辅导员工作是高校思想政治工作的重要组成部分，其个人的差异是多方面的，包括家庭背景、个性、思维、环境等，其复杂性使其工作压力大、任务重。高校辅导员要树立正确的职业伦理情感，从社会价值等角度了解自己的事业，学会把个人的得失放在一边，用自己的爱心和热情去对待工作，用科学的方式去解决问题，把所有的精力都用在工作上，充分利用自己的才智，提高工作效率。

总之，职业情感的培养是辅导员做好自己工作的必要条件，也是加强辅导员职业道德建设的先决条件。只有全心全意地投入辅导员的工作中，才能在工作中始终保持激情，找到乐趣。

（三）职业行为是高校辅导员职业道德的形象要求

职业行为能力是指个人在职业行为中所具备的自我管理、团队行为、计划管理、时间管理、情绪调节、执行和领导等方面的能力。职业行为是对个人进行专业训练后的一种表现形式，显示出很专业的举止，包括职业道德规范、职业道德观念和职业道德素养等。不同的职业对专业技能的需求和标准不同，高校辅导员专业技能包含了对形势发展的洞察，以及对政治的敏锐程度；指导大学生进行人生规划，提高其生涯规划能力；学习使用互联网工具进行思想政治工作；适应时代发展，因材施教；充分发挥学生骨干的核心作用，具有良好的组织和培训能力；有良好的人际交往能力和良好的交际能力；对突发事件作出科学的反应，有较强的应急处理能力；对学生进行客观、公正的评定；具备一定的理论知识和技术创新能力；等等。

职业操守的基本准则就是恪守职业道德，这就要求辅导员在担任这个职务之后，要按照职业操守标准衡量自己，让自己成为一名合格的辅导员。特定的职业道德规范可以对从业人员进行有效的监管与激励。

1. 学习引导典范化

高校教育，是要让学生掌握新的知识，让他们学会思考。在高校，教师的职责是学习、引导、训练、培养学生的学习兴趣等，使学生形成良好的学习习惯，学会为自己设定生活的目标，为自己的生活做好计划。通过学校的培养，让学生对自己有一个正确的认识，清楚自己的职业发展方向；指导大学生总结并完善自己的大学生涯，为自己的将来制订一个更好的计划。

2. 职业生涯规划与就业辅导的专业化

高校在发展的进程中，其教育的终极目标逐步演化为促进学生的就业，培养学生独立生活的能力。大学生职业生涯规划是大学生就业工作中的一个重要环节。辅导员的工作任务之一，就是为大学生提供专业的就业辅导，引导他们对自己的职业进行正确的评价，提高自己的能力，达到自己未来从事的理想职业标准，从而获得一份称心的工作。在就业辅导方面，辅导员作为一名专业指导者，要在最短的时间内帮助学生制订人生与事业发展规划，为其今后的发展奠定坚实的基础。

3. 心理健康教育职业化

当今社会正在飞速发展，职场竞争日益激烈。在这种环境下，强大的心理素质是当代大学生应对压力的重要保证。大学生在学习、工作、生活中会遇到各种各样的问题，这些问题会给他们带来各种各样的压力。如果这些压力不能及时调整和引导，就会导致严重的心理问题，影响到他们的健康成长。目前，大学生心理辅导已经成为高校辅导员工作的重点。在日常的工作中积极关注每个大学生的心理健康状况，加强大学生心理健康教育已经成为大学生思想政治工作的重要内容。在大学生的心理健康教育中，如何利用心理学的专业知识进行心理辅导，使其保持乐观，主动地参加大学生活，是高校辅导员开展心理工作的一种职业要求。只有具备了一定的专业知识，才可以更好地判断和解决学生的心理问题，促进学生的健康成长和发展。

第三节　高校辅导员职业素养养成路径选择

近年来，我国社会对辅导员专业化的研究日益增多，而高校辅导员的外在素质培养和自我培育问题也日益引起了学术界的广泛关注。探讨高校辅导员职业素养养成的路径，对于促进高校辅导员的职业化、专业化建设具有重要的理论参考价值，同时为高校辅导员工作实践提供了一定的理论依据。加强高校辅导员的专业素养建设，不仅相关部门，尤其是高校管理机构要营造良好的政策环境，同时要不断地探索和完善高校辅导员的专业能力培养模式，需要精心组织、严格管理，对辅导员自身的积极性、主动性进行有效激发，使其提高自身的专业素质，发掘潜力，从而达到自我培养和自我超越的目的。

一、优化高校辅导员职业提高文化素质的政策与体制环境

为进一步提高高校辅导员的专业素质，各级政府、高校主管部门要积极创造政策和制度环境，促进大学生心理健康教育的发展；加强对高校辅导员的专业素质鉴定和职业准入制度的构建，对其进行规范，为其专业素质的培养提供参考；健全选聘、考核、激励等制度，为高校辅导员的专业素质建设提供保证。

（一）细化班主任与辅导员的职业角色定位

辅导员与班主任在职业角色上的定位是有一部分重叠的。如果辅导员和班主任担任着同样的职业角色，那么就没必要提出两个概念。很明显，无论是在政策文件中，还是在实际工作中，辅导员与班主任是两种不同的职业角色，这使我们能够更好地把握辅导的职业角色。班主任职位的设置对辅导员的工作有一定的帮助。在高校学生工作中，对班主任的工作进行了细化，可以探索制定有关的政策。从其内容中可以看到，辅导员的主要工作是指导学生的"三观"教育，是一项具有重要意义的工作。它既具有重要的意义，又需要精心设计、精心组织。建立班主任的职位，可以依据西方国家学生事务管理工作队伍的相关经验，把学生学籍档案管理、奖惩助贷、学生干部选拔、组织学生活动、宿舍管理、就业指导等具体事务工作交给班主任，让辅导员从烦琐的日常工作中"解围"，能够集中精力学习专业技能，重点是了解学生的心理发展状况、学业生涯发展计划和心理需要。

（二）高校辅导员的职业资格认定与职业准入体系建设

1. 确立高校辅导员的职业标准

职业标准的确立首先需要明确高校辅导的职业角色定位，笼统的、不全面的或者宽泛的职业角色定位都会导致职业标准难以确立。一位优秀的高校辅导员既要有坚定的政治立场，又要拥有适应大学生思想政治教育工作的职业知识体系、职业技能、职业意识等。高校辅导员的职业标准可以从理论水平、学

历要求、工作能力和工作经历等方面进行确立，为职业资格认定和职业准入设立参照鉴定依据。

2. 高校辅导员资格认定主体的确定

利用国际性的第三方认可组织，即在高等教育主管机关和劳动部门的指导下，建立"全国高校辅导员协会"，对其进行规范化，制订教学培训计划和设置教材，并对我国高校辅导员的专业资格进行认定。在得到国家教育主管机关和各会员院校的承认后，协会应承担政策咨询并从宏观上对高校辅导员进行管理的职能，并根据我国高等教育的发展和社会的变化，适时进行职业观念的更新，完善高校辅导员的专业素质和资格评定程序，以满足在整个过程中充分反映辅导员各项职业素养的实际需求。

3. 实行国家考试（全国统考）制度

通过采用国家考试（全国统考）的方法，对高校辅导员进行专业资格认定，既能调节我国高校辅导员的供求关系，又能直接限制其与职业培训的关系。国家统一考试是指通过笔试和现场面试两种形式，对辅导员的职业技能和专业技能进行测试，并根据考核标准对辅导员的综合得分进行评定。

4. 设定高校辅导员专业资格等级

高校辅导员专业资格认证不追求表面上的考试成绩，它重点在于受试者的工作表现与职位的需求，其实施的根本条件是用工作实绩来取代传统的教室测验，以工作的实际结果取代评估结果。设立一套完整的职业资格等级，不仅可以细化高校辅导员职业发展不同阶段的职业特征，还可以为高校辅导员的实际工作指明发展方向。

5. 建立高校辅导员职业准入制度

在完善高校辅导员工作规范的基础上，参照其他专业技术行业的职业准入制度，针对当前高校辅导员的职业角色定位，结合当前高等教育发展需要，对其进行科学、合理的规定。当然，建立一整套科学的就业准入体系，涉及多个职能部门、多种学科，在实践中也会遇到很多问题，如对于高校辅导员在岗、离岗、退休以及退休人员和将要被录用的人员，要做到科学合理的区分。这就要求理论界和管理部门共同努力，敢于开拓，尽快建立职业准入制度，为高校辅导员职业素养的提升明确标准。

（三）完善高校辅导员职业素养养成的保障机制

1.健全高校辅导员的选聘机制

（1）拓宽高校辅导员选聘渠道。

从我国高校辅导员队伍的现状来看，高校辅导员队伍的建设主要是由大学优秀毕业生、在职研究生、高校引进人才的家庭成员构成。在实际的选拔中，各大院校并没有一个统一的标准，即使是同一所高校，每年的录用条件也不尽相同。有些学校只招收刚毕业的学生，有些学校只招收有工作经历的学生；有些学校不要求第一学历，有些则要求"211 高校""985 高校"等。拓展高校辅导员的选拔途径，既能丰富高校辅导员的队伍，又能促进其内部的相互学习和激励。

（2）更新高校辅导员选聘的方式与方法。

高校辅导员的选聘方式与方法是依据人力资源管理中的用人准则，通过仿真工作环境、设计工作流程等多种创新途径，对其进行全面科学的选拔。

2.健全高校辅导员工作考评与评估体系

（1）高校辅导员工作考评体系的科学化。

高校辅导员工作的内容难以量化、工作成效存在潜伏期等因素，使得高校辅导员工作的考评与评估工作存在着现实的难度。目前的辅导员工作考评主要是以工作报告和总结为基础，参考学生工作创新等，没有形成系统性和标准化的评价。为了科学、合理地评估指标，学校的人事、院（系）的管理人员、学生代表等都要积极主动地参与其中，使考评体系的内容和标准得到进一步完善。

（2）客观设计高校辅导员工作考核办法。

在制订辅导员指导方针和规章的基础上，建立个人报告、学生问卷、成员互评、领导评分等多层次的全方位的评价方法，使高校辅导员的工作对象、服务对象和领导同事都参与到高校辅导员工作考评活动中来，尽可能客观真实地反映高校辅导员工作的水平和成效。

（3）广泛采用高校辅导员工作考核结果。

对高校辅导员工作评价的成果，应广泛应用于职业晋升、加薪、培训等领域，注重评价结果的激励"杠杆"作用。对成绩优异、多次得奖的辅导员，在晋升、加薪、出国培训等方面给予优先照顾；对未通过或排名较低的辅导员要进行警示；对屡教不改、多次不合格的辅导员，按有关规定进行处罚或解聘。

3. 完善高校辅导员工作的激励机制

（1）高校辅导员薪酬结构的合理确定。

在高校辅导员的职业生涯中，报酬是不可或缺的。科学、合理地确定辅导员的薪酬结构，为辅导员提供满意的报酬，使其更好地投身于工作中设计工作流程，创新工作方法。高校可以制定高校辅导员的基本工资、工作津贴和奖金。其中，最关键的一步是如何从大学教师与行政人员两个层次上进行薪酬结构设计，进而确定高校辅导员的合理报酬。

（2）积极提供高校辅导员的培训机会。

高校辅导员中，以青年教师为主，他们具有强烈的工作热情，具有较高的职业理想。高校要积极为其提供合适的培训机会，在选择合适的培训对象时，要参考工作评估的结果，并根据工作需要，在辅导员完成培训且合格后，再考虑其职业发展等方面的问题，以调动其在大学生思想政治工作的积极性，争创佳绩。

（3）促进高校辅导员的业内发展。

高校辅导员行业发展的内容主要有专业技术职务的评估与职业提升的空间。辅导员的职业资格评价与职业发展空间的合理确定，既可以满足其职业发展的需要，也是高校辅导员职业化的重要因素。可以在高校辅导员中建立"双线提拔"制度，从行政岗位和专业技术岗位两个方面进行规划，让学生走入高校辅导员队伍，将自己的职业视为终身的追求。

二、完善高校辅导员职业素养培训体系

大学生教育工作有着自身的规律和方法，需要高校辅导员依照教育的规律开展工作，这就要求高校辅导员需要具有相应的理论知识和职业技能。对高校辅导员进行专业培训，不仅对促进大学生健康成长具有重要意义，而且也是加强高校辅导员职业素养建设的有效途径。完善高校辅导员培训体系，可以尝试从高校辅导员的培养内容的科学化设计、积极探索高校辅导员培训类型、勇于创新高校辅导员培训方式、建立高校辅导员的综合考核体系等方面进行探讨。

（一）科学设计高校辅导员职业素养培训内容

科学设计高校辅导员培训内容是确保进行高质量培训的前提条件。高校辅

导员的职业角色和工作职责，是高校辅导员培训内容设计的依据。对高校辅导员的培训，要秉承"养用并重、养用结合"的方针，以职业知识培训为基础，以职业技能培训为重点，以职业意识和职业精神培训为关键，在此基础上，结合我国高等教育的发展情况，对大学生的思想政治工作提出新的要求。同时，借鉴国外高校学生管理工作队伍培训的经验，努力提高高校辅导员的专业素质，促进高校辅导员职业化、专业化发展。

1. 职业知识

高校辅导员职业知识是大学生思想政治工作不可或缺的重要理论基础，是正确把握其规律，引导其健康发展的前提。职业知识培训是指以中国特色社会主义理论为核心，以马克思主义理论知识和党史党建知识体系为核心，对辅导员进行社会学、心理学、思想政治教育、传播学、管理学等学科理论知识体系培训。

2. 职业技能

职业技能是高校辅导员在实践活动中所运用的具体方式、方法、手段的综合反映，是实现大学生就业目标的重要途径和载体。高校辅导员的职业技能，包括政治辨别、管理、语言、组织、心理调适、信息处理、网络办公、突发事件的应急能力等。

3. 职业观念和职业精神

职业观念和职业精神是大学生心理健康教育的重要组成部分。职业观念和职业精神的训练，是对高校辅导员进行职业道德教育，包括职业权利义务意识、行为规范意识、品德修养、敬业精神等。

（二）积极探索高校辅导员的专业素质培养模式

1. 岗前培训与在职培训相结合

岗前培训是针对新招聘的、还没有正式上岗的高校辅导员进行的。高校辅导员的岗前培训主要包括从理论积累到工作实践的转变、工作的具体内容和细分、高校发展的现状和学生的实际情况等方面，力求使高校辅导员尽快熟悉学校环境，掌握学生整体发展状况，了解工作具体分工，尽快进入角色，缩短上岗后的适应期。在职培训是面向在职辅导员开展的，主要集中在培养学生大局观、更新工作理念、了解时政动态、关注学生需求等方面的培训，以提高学生的专业竞争力和自身的工作能力，使其更好地完成学校安排的学生工作。

2. 全员培训与骨干培训相结合

通过全员培训，高校辅导员能够有机会参加全国高校辅导员的集体学习，了解党和国家的方针政策、国际国内重大时政事件、高校发展规划、高校辅导员工作制度和总体要求。骨干培训是面向高校辅导员积极分子开展的，旨在为高校辅导员工作提供专门的师资力量，以突破当前大学生思想政治工作的重点和难点。

另外，在培训形式上可以采用常规培训和专题培训、职业培训和教育培训相结合的模式。高校辅导员培训模式向立体化、综合化、制度化方向发展，对于健全高校辅导员培训体系、提高辅导员专业素质具有重要的现实意义。

（三）大胆创新高校辅导员的专业素质培养模式

1. 课堂教学

课堂教学是高校辅导员培训的基本方式，要充分发挥课堂教学的优势，从设置课程体系、创新授课方式、提高教学效果等方面下功夫，强化高校辅导员的思想政治工作、政治文化传播的形成发展规律，以及心理学、管理学和其他相关的理论知识的掌握。

2. 专家培训班

可以广泛邀请全国思想政治教育专家学者、高校资深辅导员、党政机关管理干部、社会成功人士、德育名师等各行业专家，开展高校辅导员工作的培训与交流，促进高校辅导员从培训中总结经验、吸取教训。

3. 辅导员工作研讨会

由高校培训主体设计研讨主题，参加研讨会的辅导员事先准备研讨发言材料，结合工作实际，讨论工作重点难点，辅导员互相点评交流，结合对自身的反省和对他人的点评，不断提升职业素养。

4. 学习考察

组织高校辅导员走出所在高校，在省内、国内、国外对学生工作进行考察，以开阔视野，增长见识，广泛学习借鉴他人的工作理念、工作方法，再与自身工作实践相结合，寻找大学生思想政治教育的突破口。

（四）积极构建高校辅导员职业素养培训综合考评模式

高校辅导员考核评价体系的积极构建，能够有效避免高校辅导员培训形式化，督促高校辅导员积极参与培训，通过对培训课程的设置、师资配置的科学性进行反馈，推动高校辅导员培训制度的进一步完善与发展。

对高校辅导员职业素养培训综合考评的内容应包含：（1）评估培训活动的组织，其目的是从培训组织、培训人员管理等方面对培训对象进行考核，主要是对培训对象的培训质量、培训课程设置等进行考核；（2）评价训练的成效，评价的目的是评价训练对象的出勤率、知识获取和技能增长，主要内容有理论考试、模拟答辩、技能展示等；（3）对培训前后辅导员的工作发展进行考核，这种考核是一种比较真实的考核，可以从培训前后的变化、学生的考评等方面来观察和评价。

进一步完善高校辅导员培训体系，在组织领导、培训师资、培训课程设计、经费投入、管理制度建设等方面，必须强化统筹、规划、管理和考核，为推动大学生的心理健康提供组织、制度和物质保证。

三、构建学习型辅导员队伍

在我国高校辅导员的职业素养培训中，存在着一个比较健全的人才培养机制。建立一个学习型辅导员队伍，让辅导员在追求目标的同时，透过集体学习与系统化的思维，将职业素养训练与完善视为工作与人生的一个重要内容，从而让辅导员在专业素质方面实现自我超越。这是对高校辅导员职业素养自身养成途径的有益探索。①

（一）探寻辅导员队伍的共同愿景

构建学习型辅导员队伍，必须树立共同的愿景。高校辅导员群体的共同理想来自每位辅导员个体的专业理想，是整个辅导员群体对于自身事业发展的共同期待与追求。在寻找个体理想的共性时，每位高校辅导员都应该制订自己的职业计划，并确定自己的职业发展目标与方向。高校辅导员通过职业生涯规划，在认识自己的基础上，进一步认识自己的职业发展方向、认识自己的职业发展环境，找到实现自己理想的切实可行的方法。尽管每个辅导员的专业目标各不相同，但其基本使命都是强化大学生的思想政治教育，引导大学生树立正

---

① 王昊. 高校辅导员职业素养研究 [D]. 武汉：华中师范大学，2012：44.

确的世界观、人生观和价值观，从而培养出一批合格的社会主义新公民。这为探索一个共同的愿景奠定了基础。为实现这一群体的共同理想，必须提高高校辅导员的专业素质。

（二）创新辅导员队伍的学习机制

在确定了辅导员队伍共同需要和期待之后，需要创新辅导员队伍学习机制。首先，要转变学习观念，建立良好的职业生涯学习环境；其次，创新学习方法，以小组学习为主要学习方法，如组织"导师沙龙""导师俱乐部"等，为高校辅导员提供团队学习的机会；最后，提倡团队学习的经验，充分认识到集体智慧的重要作用，认识到集体的实践范围要比个体大得多，利用集体的优势，有效地提高辅导员的专业素质。

（三）不断更新辅导员工作理念

新形势下，高校辅导员工作面临着新的问题。通过学习机制的改革，可以更好地进行实践的交流和理论的传播，使辅导员的工作理念得到不断更新。多学、多交流、多解决实际矛盾，能使辅导员对当前工作的开展情况有更深入的认识，有助于不断加强高校辅导员对党和国家教育政策的理解和学习，从而不断更新工作理念。新的工作理念不但可以提高辅导员对其职业角色的认识，而且可以激发高校辅导员对提升职业素养的迫切需求。

（四）系统构建辅导员职业素养体系

当前，我国社会正处在一个全面、深入的社会转型期，各类社会问题的矛盾日益突出，高等教育正处在一个关键的变革和发展阶段。大学生心理健康和心理发展的特殊表现，以及他们的成长和成才需要的多元化，都对高校辅导员职业素养提出了更高的要求。作为辅导员应当具有终身学习的意识和能力。坚持终身学习，勇于开拓创新，主动学习思想政治教育理论、方法及相关学科知识，积极开展理论研究和实践探索，参与社会实践和挂职锻炼，不断拓展工作视野，努力提高职业素养和职业能力。

第四节　高校辅导员职业道德面临的挑战与建设措施

一、高校辅导员的职业道德建设

新时期，加强高校辅导员职业道德建设，一方面，是辅导员职业道德素质现状与所存在的缺陷对其提出的新要求，另一方面，也是与社会发展的新形势、教育现代化的新趋势，以及大学生思想发展与心理发展的新情况等所提出的新挑战密切相关。高校辅导员如何应对挑战、转变职业道德理念、更新德育内容的思考、探索新时期高校辅导员职业道德建设的基本原则与方法，是目前高校辅导员职业道德建设的一项新任务。新形势下，高校辅导员的职业道德建设面临以下新的问题。

（一）市场经济发展对高校辅导员工作的新要求

新旧制度变迁导致高等教育变革，新旧伦理意识的冲突使得辅导员的价值观与伦理意识变得更加复杂。当今，市场经济对大学生思想政治教育带来了冲击，高校思想政治工作专业伦理必须在市场价值观的引导下进行转变，以适应新经济格局的变化。

市场经济是一种以市场为导向、现代化的经济体系，其目的是优化资源的分配，推动各种生产要素自由流动与组合，以及各种利益主体的生存与发展。市场经济的这些特点给新时期高校辅导员提出了新的要求。

1. 形成开放思维

大学生朝气蓬勃，在大学学习过程中增强了自我意识，逐渐形成了自己的世界观、人生观和价值观。高校辅导员要想更好地为学生服务，适应学生的发展，就需要有学生那样的思想，要有远见，要了解满足新经济条件下的高等教育和新时期的人才培养需要，要善于与外界积极沟通交流，不断吸收借鉴先进的资源，以适应社会主义市场经济对高校辅导员职业素养的要求。

2. 培养创新精神

近年来，大学生就业难是大学生面临的最大问题。市场经济的发展使传统的就业模式发生了变化，一些毕业生选择了公务员、选调生岗位，一些是到企业、公司协议就业，另外还有一种就业形势就是自主创业。因此，近几年，我国高校纷纷加大了对大学生的职业生涯规划和创新意识的培养，这就要求高校辅导员具备一定的创新意识和能力。

3. 树立竞争意识

成功永远不会眷顾懒惰的人，高速发展的经济需要勤奋的人，铁饭碗的时代一去不复返了，新的社会需要的不是平庸的人，而是优秀的人才。因此，高校辅导员要时刻保持高昂的干劲。只有这样，辅导员才能有足够的能量来迎接挑战、面对压力，一直努力奋斗，直到成功。

4. 强化法律意识

社会主义市场经济不是自由经济，而是法治经济。遵纪守法、依法执教是高校辅导员应有的职业操守。辅导员不能侵犯学生的权利，在保证学生合法权益的前提下，辅导员要做到公平、公正，尊重学生。比如，毕业生与用人单位违约，引发了纠纷，甚至是法律诉讼，这对毕业生的就业和工作都有很大的影响，而这一切都是因为大学生的法律意识淡薄。高校辅导员工作是一项全方位的工作，在加强法律专业课程的同时，也要加强辅导员的法治观念。

（二）现代化教育对高校辅导员职业道德的新需求

现代教育理念是对传统教育理念的革新和超越，是一种具有现代意识、面向未来的教育理念和观念体系。如何正确地把握"个性化"与"人性化"的教育，对高校辅导员来说是一个很大的挑战。教育现代化要求高校辅导员具备与之相适应的新理念。

1. 需要辅导员具有个性化教育的思想与观念

新时期的高校辅导员面向的是思想活跃、性格开放、创新能力强的学生，他们的成长环境和人生经历具有时代特征。目前，我国高校辅导员队伍中已形成一支新生力量，但仍有相当一部分辅导员的思想观念与新时期的大学生成长历程不匹配。因此，高校辅导员要深刻认识当今教育发展的趋势，打破计划经济时代的陈旧的教学观念，树立个性化的教学观念，建立个性化的教学管理方法和人才培养模式。辅导员要对学生的人格给予充分的尊重，保护他们的个性，发掘和发展他们的健康人格，注重学生在学习过程中的主体性。在大学低年级阶段，鼓励学生按照自己的兴趣选择自己的专业，并鼓励学生发挥他们的专长，选择他们喜欢的项目，从而引导他们选择合适的工作。

2. 需要辅导员具备以人为中心的教育理念和观念

随着人类社会的现代化，高等教育必然要以人为中心，要坚持和贯彻以人为本的教育理念，要体现人性的道德关怀与终极关怀。辅导员每天都要面向学生，要努力学习现代教育理念，抛弃一切以教师为中心的陈旧思想，树立以学生为中心的教育主体思想，确立"以人为本"的教育主体性思维；要本着一切为了学生、为了学生的一切的宗旨；要尊重学生的人格，维护学生的权利，关心学生的思想生活、心理健康，甚至社会交往、恋爱择友。辅导员既是学生的教师，也可以是兄弟、姊妹或者知己。辅导员要为学生排忧解难，要充分体现对学生人生的关心。以人为本的思想要求高校辅导员在遵守学校的各项规章制度时，要做到以人为本，不能对学生实行管、卡、压；在执行规则的时候，要体现出为学生未来考虑的道德关怀，对待犯错的同学，切勿歧视冷漠，不要嘲笑他们，要帮他们认识错误、改正错误。

3. 需要辅导员具有复合型人才教育的思想和观念

新时代的大学生是一群充满朝气的年轻人，代表着新时代、新生产力。新时代的辅导员要努力学习新知识、新技术、新理论，以适应新时代的发展需求。新时代的辅导员是在新时代对知识、能力、情感、心理等方面的需求中发展起来的。因此，辅导员只有注重培养学生综合素质，建立健全知识与能力体系，拓展知识背景和提高管理能力，掌握新的发展动向，掌握新的发展趋势，才能为当代社会培养出合格的人才。新时代的高校辅导员要注重培养学生的人文素养。受应试教育的长期影响，学生的人文素质教育显得先天不足，政治理论的根基不牢固，世界观、人生观、价值观不端正，品德修养不高，高校辅导员要增强自身的人文素养，增强自身的品德修养，实现学以致用，以身作则，教书育人。

（三）高校辅导员工作面临的新问题

大学生的生存环境是当今社会的一个缩影，在城市职业群体中，由于各种主观和客观的原因，大学生的心理问题日益严重。当前大学生的心理冲突、心理矛盾、心理压力严重，存在一定程度的心理疾病，其主要表现为人际关系处理不善造成的群体隔离，对大学生活的不适应造成的心理问题，对自身期望值过高、就业困难造成的就业恐慌，因家庭贫困造成的学费压力、消费自卑感，等等。

新时期新形势下，辅导员不仅要关注学生的心理健康，更要培养学生健全的个性、良好的心理素质。近年来，心理学学科快速发展，各高校也非常重视辅导员培养，参加心理咨询师培训是辅导员必修的课程。辅导员要用自己的专业知识、良好的精神品质去影响和感染学生，促进他们的健康成长。

二、高校辅导员职业道德建设措施

（一）高校辅导员职业道德建设目标

1. 强化正确价值观，坚定忠诚理想信念

作为一名高校辅导员，要帮助学生建立正确的价值观，辅导员自己首先要有一个正确的价值观。然而，怎样的价值观才是正确的呢？如何培养这些正确的价值观呢？为了回答以上问题，我们首先应当确定服务的对象。

辅导员进行职业活动的对象主要是学生。作为一名成年人，高校学生应当被视为一个独立的个体，不能因为他们年龄不大、身心还不够成熟就区别对待。辅导员对学生的教育应着重放在促进学生的成长上，帮助学生发展自身的能力，培养正确的价值观。

在确定了辅导员的引导对象之后，辅导员要树立以人为本的价值观，努力与学生建立一个和谐的关系，在和谐的气氛中达成目标、教学计划以及学习计划，让学生能够深切地感受到被给予足够的尊重，鼓励学生积极地参与到集体的生活当中，多参加一些课外活动，能够对个体差异方方面面进行潜移默化的影响。

虽然辅导员的身份是教师、是知识的传授者，但是传播观念才是教师最重要的任务。身为一名高校辅导员，应该意识到自己的工作中政治思想占据了十分重要的地位，甚至可以认为一个辅导员优秀与否取决于其政治教育工作的开展成效。因此，他们又不同于一般的专业教师，他们传的道是有价值判断的，能对学生的发展起到思维导向作用，所以树立正确的价值观至关重要。辅导员应当帮助学生把理论与实际结合起来，即用课堂上学到的东西来验证自己的判断是否正确，从而获得更多的知识，努力践行社会主义核心价值观。

另外，高校在观念上也应主动进行转换，积极投入辅导员工作的研究当中，着重分析其专业中应该具备的道德涵养，尤其应当找出一些典型的榜样，

让辅导员能够有一个直观的标准去努力。辅导员自身的工作性质，决定着他们必须具备更强的敬业精神以及职业道德，具备很强的责任感，能够把自己的工作当成使命去完成。当辅导员对工作具有较高的认同度时，才具备相应的信心去完成自己的工作，当碰到困难的时候更倾向于坚持而不是放弃，在日后的工作中才能够有更好的表现。

2. 构建全面发展观，推进高校辅导员队伍建设职业化、专业化的进程

我国高校的主要任务就是为社会输送有用的、优秀的人才。社会需要哪些人才？这些人才应具备怎样的品质？

首先，在《中华人民共和国高等教育法》中有明确要求，大学需要培养具备知识和实践能力并且有能力进行革新的杰出人才。因此，在大学生教育上要适应社会需要，在辅导员的工作中能否全面贯彻这一方针，不仅涉及职业道德的问题，而且涉及遵守法律的问题。

其次，服务社会。这对于每个人来说都是应该履行的职责，在现代的大学教育当中也十分重要。在学校中，辅导员应当作为一个榜样认真履行这一项社会职能，积极服务社会，在生活中诚实守信，同时促进社会的健康发展。当一个辅导员在自己的工作中加入服务社会的理念之后，他的工作能够更好地展开，能够引导学生向好的方向发展，能够培养社会需要的优秀人才。

最后，知识创新。辅导员要时刻更新自己的知识结构，进行内化和升华，最终达到知识创新的境界。现如今是知识大爆炸的时代，各种网络通信手段的快速更新，为学生提供更多获取知识的渠道，他们吸收和接纳的速度是十分惊人的。因此，辅导员要与时俱进，成为时代的先行者，吸取世界各国优秀的教育经验，吸取别人的优点，弥补自己的不足。同时，将知识创新作为高校辅导员全面发展的一项要求，提高其自身的修养与素质，使其有效地开展思想政治教育工作。

（二）高校辅导员职业道德建设的关键

我们总是将"师德"作为教育者的核心素质，而这也是教育职业活动的灵魂。对于学生来说，辅导员是他们的人生导师，辅导员应该用自己的真心来催化学生的心灵培育，用自身的人格来感染学生的人格。因此，高校辅导员职业道德建设应包含以下内容。

1. 爱岗敬业、诚实守信的服务精神

培育社会主义事业的建设者与接班人是辅导员做好大学生工作的起点和终点。因此，高校辅导员应该坚定自己的立场，明确自身的方向，时刻谨记马克思主义思想。在遇到各种是非的时候，要有敏锐的观察力和感知力，并能够妥善地处理好任何问题。不仅如此，高校辅导员必须坚定自身的信念，将其体现在对学生所做的工作中，全身心投入教育事业，爱岗敬业。这样的高校辅导员才能算是一名合格的辅导员。全心全意投入教育事业可以激发辅导员的责任感以及热情，并能创造一流的业绩。将这一职业视作神圣的职业，默默付出、诚实守信，让学生以自己为榜样，树立自身高尚的人格，提高对自身的要求以及标准，只要是要求学生做的事情，自己应该先做到。如此，才能够让学生信服。这样才能树立自己的威信，并在学生当中树立良好的、积极向上的风气。这样的集体才不会像一盘散沙。

2. 结构完备、专博结合的文化知识

一方面，高校辅导员是大学生思想政治工作的主力军，是高校德育工作的组织者、实施者和指导者。这要求高校辅导员具备良好的思想政治教育知识，具有坚定的政治立场，在重大问题上，和党中央保持高度的统一，有敏锐的政治嗅觉和洞察力，能明确地意识到自己是党的宣传队伍的一员，定位明确，充分发挥职业属性里的政治性，加强对大学生的思想政治教育，培养其爱国奉献精神、服务社会的思想。另一方面，辅导员应该具备业务管理工作方面的相关知识，具有较强的组织和管理能力，能够熟练地运用学生工作的方式，并不断迎合新的形势，使工作具有针对性、主动性、前瞻性及实效性的特点。高校辅导员要能建立新的目标，树立新的理念，提出新的举措，研究新的问题，并按照规律进行摸索，让学生主动迎接新的形势，并让学生工作"活"起来，努力使自己成为教育与管理学生的专家型人才。除此之外，辅导员应该有较高的道德修养，具备一定的教育学与心理学知识、思想政治工作知识，哲学、文化、艺术等方面的知识，可以用自身的才能以及修养去感染学生，实现自身的"一专多能"的教育。

3. 公平公正、服务学生的职业准则

社会主义的根本政治和经济制度决定了人民对国家的所有权。在高校，这条准则的具体表现就是辅导员是为学生服务而存在的。为了做到这一点，在建设辅导员职业道德时，应该把学生满意不满意作为安排和评价职业活动的依据和准绳。辅导员应该为了学生的利益和需求忠于职守、努力工作，切实履行本职工作所承担的社会责任。辅导员作为学生工作者战斗在第一线，每天都要接触大量不同环境成长起来的学生群体。面对这种情况，辅导员应该把自己的个性喜好和情感倾向放到一边，一视同仁，处事要客观公正，在评奖评优和入党等事宜上，有一定的判断能力和洞察能力，激励先进、关心后进、因材施教、磊落行事。辅导员只有保持健康的心态、雕琢贤能，才能赢得学生的信赖与职场的美誉。

（三）高校辅导员职业道德建设的措施

1. 牢记使命责任，树立职业道德信仰

一方面，辅导员应不断提高职业道德水平，丰富理论知识，加强理论学习，保持政治立场正确，充分利用多种渠道，如理论研讨、政治学习、形势报告会等。了解当前形势和最热门理论，树立强烈的爱国主义精神，并以这种精神去感染学生，使他们同样树立高尚的民族精神和爱国精神。同时，要积极地抵抗西方的不良文化的冲击与渗透，并与之进行斗争。另一方面，辅导员应提高知识水平，加强自己的专业化程度。辅导员工作是一项综合性的工作，要求辅导员具备一定的专业技能。辅导员职业道德的建设应该包括专业化建设，形成术业有专攻的趋势，对辅导员在心理健康教育、职业设计规划、学生工作管理等方面的研究进行鼓励，使其努力成为专业化人才，向更高知识水平努力。而做到这一点，需要辅导员本身具有一定的教学能力，如心理辅导课、思想政治课、就业指导课等。辅导员还能依据自身实际情况对思想政治教育或党建方面的研究课题申请研究，承担与学生有关的教学科研等。高校辅导员是学生在学校里进行思想政治教育的引路人，其工作性质就是从事学生的思想政治学习和日常行为管理工作。高校"以人为本，德育为先"的办学理念，既是对其自我价值的肯定，也是对其自身素质的要求。只有具有优良的品德，辅导员才能成为学生成长和成才的指导者。因此，辅导员要牢记自己的历史使命和职责，树立职业道德信仰。

教师要让学生成为什么样的人，他就应该是什么样的人。因此，在思想政治教育中，辅导员要有坚定的思想政治信仰，然后用他的一言一行来影响学生，做学生的楷模，真正做到学为人师、行为世范。只有这样，我们的立德树人工作目标才能真正落实。辅导员应该热爱尊重学生，想学生之所想、急学生之所急，及时发现学生面临的生活情感问题并进行疏导解决。

在大众化的大环境下，学生的管理应当是一种灵活的管理。"柔性"管理的实质是"以人为本"。它可以看作以人的心理特点和行为特性为基础，在人的脑海里制造一种隐形的说服力，从而把它变为自身的自觉行为。灵活管理注重学生主体地位，尊重学生，能为学生提供更大的活动空间。

以往我国对学生实施的是刚性管理的模式，对学生的行为习惯用规章准则约束。这样的管理模式内容单一，不具有协调性。不可否认的是，这种模式对学校的学生管理有着一定的益处，但随着社会转型，学生思想呈现多元化，价值观也有所改变。如果不能树立立德树人的思想，忽视学生的切身感受，就会导致学生缺乏认同感，不能接受或者反抗管理人员，这是与教育目标相矛盾的。因此，辅导员必须时刻牢记自己的职责，建立师生互动的职业道德促进机制。

2. 提高角色归属认同，构建自我实现主体能力发展

任何人的角色定位都与其某种社会地位、身份具有同一性，具有一整套的权利、责任和行为方式。它受社会特殊需要和社会发展的影响，辅导员的作用也不例外。辅导员在高校教育中扮演重要角色，是高校思想政治工作的骨干力量。辅导员在对学生的管理中应该努力成为他们的良师益友。这就是我国关于高校辅导员工作的最新界定和要求。从目前高校辅导员工作的范畴和工作的特殊性出发，提出了现阶段高校辅导员的角色定位。

首先，辅导员是学校的德育工作者，应提高辅导员职业道德能力。这就需要高校辅导员认识了解社会和政治的基本原理、思想观点和道德规范，并将其转化为大学生的品德思想，进而将其融入社会实践。同时，培养学生优秀的道德品质，形成良好的社会舆论和社会风气。大学生对辅导员的第一认识仍是思想学习的"传道解惑"者。在面临高校学生忽略思想政治教育的情况、面临高校淡化政治环境的情况、面临高校事务性工作特别多的情况时，辅导员需要时时明确自己的工作性质、工作目的，牢记自己是一名教育工作者。加强思想政治工作的说服力，是大学生思想政治工作的根本。道德教育是素质教育的灵魂，它与人才培养的方向有着密切的联系。在国内和国际复杂的政治形势下，在经济多元化的大环境下，高校辅导员肩负着思想道德教育的重要担子，要把

思想道德教育工作融入正常的教学工作中，在平凡中体现德育工作的高度。

其次，辅导员既是学生管理人员，又是服务人员，应提高辅导员职业实践能力。辅导员的服务群体是高校中的学生，工作任务是培养学生的素质和维护学校教学秩序，其工作内容主要有两个方面：一方面是对学生日常的教学进行监督管理，如选课、转专业、出勤等；另一方面是对学生的平时行为管理和生活管理，如寝室卫生的检查、打架斗殴事件的预防、贫困学生的奖助学金等。因此，辅导员在教育管理方面的工作压力很大，许多人认为辅导员的实质角色是对学生学习生活方面的全程管理者，而不仅仅是思想教育的工作者。在我国高校辅导员队伍建设中，辅导员的作用不容忽视。教学与管理是一体的，辅导员要把教学与管理结合起来，明确自己的工作任务，善于分析学生工作中存在的问题，主动面对出现的各种情况，并进行有效的解决，从而将管理的优势发挥到最大。

实际中，辅导员的服务又包括就业指导和心理辅导。大学生的心理问题越来越受到重视。社会和经济制度的转型、东西方文化的碰撞及网络的普及，对大学生的思想观念和价值取向产生了深刻的影响，导致大学生在学业、经济、人际关系和就业方面中承受了非常大的压力。正是这些压力使得现在大学生的心理问题频频出现。因此，高校辅导员也是大学生心理健康的一个发现者和疏导者。高校辅导员应及时对大学生人际、情感、学业压力进行疏导，进行必要的心理危机干预，培养其自尊自立和直面挫折的坚强意志，并锻炼学生克服困难的能力。

大学生的年龄一般都在18~24岁之间。这是一个人成长过程中的过渡时期，也是他整个人生发展过程中最重要的一个时期。职业生涯探索对个体的职业选择有很大的影响。因此，辅导员要对大学生进行职业生涯规划，使其在今后的发展中充分发挥自己的潜力。现在大学生的就业问题已经不仅仅是学生本身的事情，也是全社会和国家关心的事情。大学生的就业是一个系统的工程。现在很多大学生对自己的职业规划没有足够的重视，对自己的人生目标不明确，对工作的期望值却很高。他们对所学专业的内容和就业情况没有足够的了解，缺乏实际的学习动机，缺乏自我发展的目的，因而在找工作时，要么期待过高，要么能力不够。辅导员的职责是引导学生正确地理解和分析自己，了解社会经济的发展规律，增加学生的就业机会和扩大学生的就业范围，让学生做好从学校到社会过渡阶段的心理准备，让学生成为一个对社会有用的人。

最后，高校应以任职资格为依据，完善和改进辅导员培养和认定机制，并在规范管理的前提下建立培训基地和辅导员协会，促进辅导员工作的职业化和专业化。辅导员培训可以分为两部分：职前培训与职内培训，至于培训的内容则是辅导员自身需要具备的专业知识与基础技能。高校对辅导员的职业技能、思想道德建设，既要考虑其生存情况，提高待遇，又要关注辅导员的思想政治现状，做到不断培养、适时提高、时刻引导。

3. 创新方式方法，提升辅导员职业道德建设实效

长期以来，高校和社会对辅导员的认识存在着一种介于教师与行政人员之间的矛盾，认为其工作方式大多是经验式沿袭，没有专业性可言，而职业道德培育也因此局限于一般规范中。鉴于此，我们认为高校应借鉴西方成熟经验，如美国高校的学生发展理论，创新学生工作的方式方法，提高高校辅导员职业道德建设实效[①]。

在探索的过程中，应该考虑以下两个方面：一方面，辅导员本身所带的政治属性。辅导员是党在高校的喉舌，是党的宣传队伍中的一员，要让其把思想政治教育作为自己的职责，那么就应当将思想政治教育纳入职业道德培育中去。高校可以考虑定期给辅导员进行思政教育宣讲，结合时事，有针对性地提出观点，树立辅导员的正确思想，使其成为一名合格的宣传员。随着社会的多元化发展，以及多种理论和思维导向的牵引，辅导员并不见得就立场坚定，很多时候也会对一些政策产生疑惑。而这种疑惑不可避免地带到工作中，给学生带来不良影响。鉴于此，在建设高校辅导员职业道德的过程中，进行时事宣讲政策解读有着不可低估的作用。另一方面，校内外建立联动机制，协助辅导员一起成长。高校各级领导和管理部门对高校辅导员的职责和角色定位要有清晰准确的认识，主动营造有利的环境，制定辅导员的生涯发展体系。通过对辅导员进行制度上的减负和提高，促使和保障辅导员在正确的方向上不断提高、发展、完善自己，从而有效地抑制非正常的辅导员流动。同时，高校要强化顶层设计，培养辅导员队伍，培养出具有时代特点的优秀辅导员，使其成为各高校吸引优秀人才的重要岗位。在继续拓展和深化辅导员的专业发展之路，在加强辅导员专业建设的同时，为有志于从事专业教学，并具有相应能力的辅导员提供进一步学习的机会。加强辅导员职业生涯指导，促进辅导员职业发展向纵深发展。

① 吴天昊 . 新时期高校辅导员职业道德培育研究 [D]. 哈尔滨：哈尔滨理工大学， 2015.

4.构建科学有效、约束有力的评价激励标准

建立对辅导员进行职业道德评价激励的体制，为的是保证辅导员在日常的工作中富有积极性和能动性，以及自身职业道德培养的不间断。这里应该考虑两方面内容，既要包括实质性的职称评聘的激励保障，又要有职业道德方面的一票否决制度。

构建健全的辅导员评价制度，以其任职资格为基础，制定一套系统化的评价指标，并按岗位职责划分核心考评标准。比如，负责勤工俭学工作的辅导员，其工作评价的核心指标就是勤工俭学工作的完成，而其他工作的得分就相对较低。评价主体应覆盖与辅导员有工作关系的所有主体，如工作目标、上级、协作单位等，每学期或每季度进行一次评价，每一学年进行一次全面评价。

另外，需要考虑建立相应的奖励制度。考核的目标在于了解辅导员工作的优劣，找出问题并提供相应的协助。对优秀的辅导员要给予一定的奖励，以实现鼓励先进，调动辅导员的工作积极性和创造性。对考核优秀者，应予以优先晋升工作岗位，提供深造机会。而对于考评一般者，应根据其自身需求和工作意向进行职业调整。对考核成绩不合格者要坚决停职。

在职业道德的评价激励方面，本书认为辅导员的思想政治素质、教育教学水平和实际工作情况是重要的评价标准。学校对工作业绩突出的优秀辅导员给予重点培养，如外派学习、培训和考察等。设立师德先进个人奖，树立典型，发现一批，宣传一批。在选拔中层干部时重视选拔有辅导员工作经历的干部，也可根据个人的条件和志向，向教学、科研工作岗位输送。对于一些师德评价差的辅导员，应重点关注，设立倒查机制，追根究底，查清是哪方面工作出了问题。如果涉及奖学金、助学金或研究生推荐，应处以行政处分并调离辅导员岗位。

第三章 高校辅导员的职业能力分析

第一节 高校辅导员职业能力相关概述

一、高校辅导员职业能力相关概念

（一）职业与能力的含义

1. 职业的含义

从社会学来说，职业是指从事社会工作的人为了获得主要的生计而进行的一种社会工作。"职业是在社会分工的基础上产生的，并伴随着社会的不断发展，形成了人类的生活方式。"因此，职业并不只是一种生活方式和方法，它也是人类与环境、人类与社会之间的桥梁与窗户，是一个社会人所应该担负的社会角色与义务。

2. 能力的含义

目前，国内外对能力尚没有一个统一的、可接受的定义。《辞海》对能力作了这样的解释："能力一般是指完成某项任务的技能，它包含了完成某项特定任务的特定方法和一种能顺利完成一件工作的精神品质。"能力的形成与发展，是建立在人的体质之上，是通过教育、训练、吸收社会大众的智慧与经验而形成的。在管理心理学中，能力是一个人的心理品质，它是一个人能成功地完成一项任务所必需的。人们普遍认为，能力有两个方面的含义：一是已经发展或展示的实际技能，如会开车、会滑雪等；二是潜力，不同的人表现出不同的能力。能力是一个多维的概念，它不仅是个体的特点，也是职业的需求。它不仅是在认知层次上的价值观念，也是在实际工作中所表现出来的技能和天赋，这需要全面地把握和理解。

（二）职业能力与辅导员职业能力

1. 职业能力的概念

职业能力被普遍认为是一个人在一个特定的行业中所具有的技能，是一个人在其工作中所包含的各种能力。它是确定职业资格的基础，是实现职业使命的要求，是实现职业发展的关键保障。理论界对职业能力定义各有不同。从心理学的观点来看，职业能力就是在某一个特殊的职业中，具有综合性、稳定性的心理素质。从管理的观点来看，职业能力是指一个人的意志态度、知识结构和技术行为的规范化。随着心理学和管理学理论的不断发展，人们对职业能力的理解也从"单一"向"多层面"转变。

2. 职业能力的特征

（1）可塑性与发展性。

职业训练的重要性，就在于人的可塑性和发展性。个人的职业能力在从事特定职业之后，会随着实践的加深和岁月的推移越来越强。人的潜力是无穷的，才华总是在不断地被开发，以追求理想为目标，朝着"可能性"的无限事业前进，才有能力建立自己的理想事业。

（2）建构性与整合性。

职业能力并非由职业素质单独发展而来，而是与工作环境、工作岗位需求密切相关。工作场所的工作需要、工作目标的需要、工作的环境，使工作人员能够把已有的知识、能力与新的工作知识、技能相结合，形成新的能力。在一些职业岗位上，既要有一般的技能，又要有专门的技能。这就要求人们在工作中根据工作需要，不断地调整自己的能力结构。

（3）创新性与拓展性。

创新是人的生命之源，只有通过创新才能实现人的真正自由和解放。职业能力既是创新的，也是扩展的。人们不但可以积极地扩展自己的工作，而且可以积极地学习，不断地积累自己的知识和经验，从而拓展自己的能力。

3. 辅导员职业能力

对于高校辅导员的职业能力问题，学者们进行了大量的探讨。然而，对于它的内在特性，学术界尚未达成共识，对其内涵的理解也存在较大的差异。比如，杨继平、顾倩将辅导员的职业能力定义为能够做好高校辅导员工作所具备的人格结构、行为结构、能力结构和知识结构[1]。将"必须具备的人格、行为、能力、知识"的结构界定为"辅导员的职业能力"。这个概念的表述并不严谨。本书认为，高校辅导员的职业能力是指高校辅导员在开展日常工作的过程中，所体现的知识、技能、方法、态度、价值观等方面的综合素质和行为模式。它包括政治方向、价值观、道德行为、思想和心理问题教育、组织管理、日常教育管理、语言表达、信息处理、人际关系、学业辅导等基础性能力和教育科研、创新创造等领域的拓展性能力。同时指出，高校辅导员的专业素质是以职业能力为中心的，其核心是以职业能力为指导，分各种能力的有机结合。高校辅导员的职业能力，特别是辅导员的核心素养，是一种独特的职业素养，它是一种具有积极作用的职业能力。从辅导员工作职责和工作任务的角度来看，辅导员的职业能力既是显性又是隐性的。辅导员的显性职业能力体现和发挥在外在层面上，即政治方向、道德品质、思想教育、组织管理协调力、生活行为指导性、职业创新能力。辅导员隐性的职业能力主要表现为人格影响力、自我学习力、心理调节力。辅导员的隐性职业素养包括职业道德、职业信念、职业追求、职业亲和力、凝聚力、人格魅力。身教胜于言语，这是一种潜藏的力量。自我学习力是一种可以衡量的显性能力，但是它更多地体现在无法衡量的隐性能力上，如自我更新、经验上的自我累积和自我反省，这些都是不可复制的。心理调节能力是心理素质较高的一种表现，也是高校辅导员应具备的品质。

二、高校辅导员职业能力主要特征

（一）高校辅导员职业能力教育性特征

辅导员的职业能力的教育性是以其工作需要和工作的主体责任为基础的。根据《普通高等学校辅导员队伍建设规定》，高校辅导员工作的要求：恪守爱国守法、敬业爱生、育人为本、终身学习、为人师表的职业守则；围绕学生、

---

[1] 杨继平，顾倩. 大学辅导员胜任力的初步研究[J]. 山西大学学报（哲学社会科学版），2004，27（6）：56-58.

关照学生、服务学生、把握学生成长规律，不断提高学生思想水平、政治觉悟、道德品质、文化素养；引导学生正确认识世界和中国发展大势，正确认识中国特色和国际比较、正确认识远大抱负和脚踏实地，成为"又红又专"、德才兼备、全面发展的中国特色社会主义合格建设者和可靠接班人。高校辅导员担负着思想品德教育和价值引领、党团和班级建设、学风建设、学生日常事务管理等方面的职责，要使学生自觉信奉社会主义核心价值观，帮助学生不断增强中国特色社会主义道路自信、理论自信、制度自信、文化自信，牢固树立正确的世界观、人生观、价值观。

辅导员作为一支教师队伍的主体，其工作岗位的内涵就是"教育"，其本质上是教书育人，全面提高学生的人格修养和全面素质。辅导员职业能力的强弱直接影响着学生发展。辅导员的言传身教、苦口婆心、努力推动和指导学生全面发展，充分体现了他们对党的教育事业的热爱、耐心和无限的忠诚。高校辅导员要成为学生全面发展的指导者，必须具备良好的思想政治教育素质。

作为教育工作者，辅导员是一位关爱学生、理解学生、教育学生、帮助学生、研究学生发展的教师，所有的辛苦劳动，都是为了学生的成长。辅导员面临着"思想观念、政治观点、道德品质的形成、变化和发展"的问题。面对不断改变的教育环境，没有一成不变的教学方法和一劳永逸的价值观念，辅导员要勇于克服各种教育困难，不断地学习、探索、创新、更新、提升自身，在"育人"中有意识地"育己"，才能紧跟时代的步伐，与时俱进。

（二）高校辅导员职业能力实践性特征

辅导员的工作本质是对人进行社会实践的教育，其实践性是指其专业素质的职业性质。辅导员的职业能力是其实践性的第一个表现形式。高校辅导员是大学生思想政治工作的重要组成部分，与学生的关系最为密切。要把各部门、各学院的工作落实到位，及时将学生的学习和生活需要反馈给相关部门，使其充分了解学生的思想动态、思维方式和行为习惯。这就需要教师经常深入学生的生活和学习当中去认识他们。辅导员的职业能力表现在实际工作中。丰富、具体、真实的教育环境，不仅是教师展现教育技能的舞台，更是培养学生的专业能力、创造知识的重要源泉。通过与学生的互动，辅导员逐渐地获得丰富的知识和技能，在实践活动中积累丰富的经验，并发挥自己的作用和价值。

（三）高校辅导职业能力综合性特征

高校辅导员职业能力的综合性主要体现在其工作任务的繁重和复杂。高校辅导员所开展的高校学生的思想政治教育内容非常广泛，涉及政治方向、价值观、道德行为、精神文化生活等诸多领域。学生的成长和发展的诸多需求都与其自身的专业行为密切相关，单一的素质和能力很难满足工作的需要。

从职务的角度来看，高校辅导员职业能力的综合性体现在要充分发挥其政治教育、组织管理、协调、语言表达、科研创新能力。高校学生教育是一项社会实践活动，它设计学校的方方面面，需要各有关单位的协调与协作。因此，辅导员要充分把握好工作的主动权，有效地做好自己的工作，要重视职业素养的养成，要有广度的知识储备，要不断强化自己的专业技能。从问题的角度来看，教育是以人为中心的，要从多角度、多层面地对人的思维、行为进行"立体"的、全面的剖析。

三、高校辅导员的职业能力与价值

（一）高校辅导员的专业素质价值体系

1. 社会价值

辅导员的职业价值被国家和社会所认可，是因为它能够履行自己的职责，并能够达到一定的社会效果，其职业技能在学校教学实践中也得到了充分的体现。对辅导员职业能力而言，其在高校德育的价值是通过对大学生的道德修养、道德境界、人格品质的不断提升来实现的。因此，对辅导员的职业能力和作用的重视，是对其专业素质和职业价值的认可。

2. 内在价值

辅导员的职业能力具有一种内在的价值，它能促进个体的自由与全面发展。辅导员无私地培养人才，不断提升职业能力，体现了其理想信念、职业操守、品德修养的高尚境界。辅导员个人职业能力的培养和完善，也是个人能力的一种实践。在自我能力的成长和发展中，辅导员寻找生命的真谛，在和谐的工作团队、在师生之间的愉快协作中、在有意义的对话和交流中，辅导员感受到工作带来的快乐。从专业发展的角度看，辅导员最理想的价值创造和追求目标是"做好学生的人生导师"。马克思主义关于人的全面发展学说提出，人的个性要得到充分的、自由的发展，人的自我价值和发展就会得到最大限度的发挥。

（二）高校辅导员职业能力的主要功能

1. 育人功能

高校辅导员的职业能力，其价值在于通过思想政治教育与管理来实现全方位的育人功能。教育的第一个问题就是要培养什么样的人，教育的基本任务就是培育一批具有中国特色的高素质人才，引导学生正确理解中国的发展趋势，正确理解中国的特征，把握国际比较，把握时代任务，树立远大理想，培养脚踏实地的精神，激发学生为实现中国特色社会主义、实现中华民族的伟大复兴而努力。

2. 个体发展功能

辅导员的职业能力在促进其个人成长方面扮演了重要的角色。辅导员在指导学生的成长过程中，也在培养自己，在教书育人中育"己"。培养和完善辅导员的职业能力，使其个人的职业素养得到提高，使其职业情感得到培养、职业自信得到强化。辅导员通过教育引导、价值引导、思想引导、实践教育、环境教育、人格教育等方式对学生进行社会主义核心价值观的培育。辅导员要积极主动地学习、发扬社会主义核心价值观，正确认识价值的内涵和专业素质的需求，以自己崇高的人格激励学生，从而使辅导员在工作中发挥其社会作用和完成自身能力的建设。

第二节　高校辅导员职业能力结构体系

一、高校辅导员职业能力结构体系支撑要素

（一）高校辅导员职业能力的情意要素

职业能力情意因素是以职业态度、职业道德、职业情感、职业信仰为核心，以职业能力为基本概念的心理力量和道德行为方式的综合体现。

1. 辅导员的政治信仰

辅导员的政治信仰是其职业信仰的核心，也是其发展的灵魂。辅导员的工

作性质、职责和使命决定了其政治信念、政治立场、政治取向。

2. 辅导员的情感和态度

辅导员的职业态度是其个人价值取向的综合反映，而其对工作绩效的影响最大。辅导员的职业态度也是一种职业的行为。辅导员坚持实事求是、认真调研，努力工作，孜孜不倦，为了报效党和人民的信任和厚望，表现出一种良好的职业态度和精神，其职业态度主要体现为强烈的事业心、职业责任心、热爱教育、献身教育、尽心竭力为学生发展尽心尽力、做到四个"指导者"。具有这种职业情怀和敬业态度，就能把教育工作做到无懈可击。

3. 辅导员的职业道德

辅导员的职业道德建设在大学生思想政治工作中具有举足轻重的作用。辅导员的工作要以人为本，引导学生完成个体社会化的任务，其对学生的教育效果是否内化、外化，不仅要看其教学方式和手段是否得当，还要看其自身的人格魅力和职业道德魅力。辅导员是教师，必须具备高尚的品德。辅导员要以自己的榜样行动自觉地践行"以人为本"的思想道德教育。同时，要用自己的人格魅力对学生进行潜移默化的影响和感染。在学生人格培养方面，辅导员的热情、友善、诚实、守信、公正、谦虚、守法等都是学生学习的楷模。

（二）高校辅导员职业能力的知识要素

1. 辅导员知识的依据

在当今社会，知识已成为一个重要的资源，它对个人的发展起着至关重要的作用。教师是以教育职业或活动为生存、发展方式的职业群体。这是由于人们对教育的需要和能力的不断累积和分化，以及教育活动日益专业化的结果。

高校辅导员是教师队伍中的一支"特殊军团"，肩负着思想政治教育的重任，其专长是"教育"（辅导员的职业活动），是一种思想政治教育，而非以教授特定领域的知识和技术为最终目的。随着中国高等教育的不断深化和新时期教育环境的改变，为适应教育目标发展的需要，高校辅导员的工作任务日益繁重，对其职业素养有了更高的要求。

2. 辅导员知识的重点内容

辅导员的工作职责要求其具备的知识结构，包括掌握马克思主义和马克思主义的中国化理论；了解党的路线、方针、政策；对政治教育理论与实践有一定的认识。《高等学校辅导员职业能力标准（暂行）》中明确规定，高校辅导员应具备以下三方面的理论知识："基础知识""专业知识""法律法规知识"。专业社会学将专业领域中的知识分为"关于这方面的知识"和"为了这个专业的知识"。"这方面的知识"就像是向日葵的花蕊；"为了这个专业的知识"像是向日葵的花瓣一样，将核心团团围住，形成了一个专业的知识结构。本书认为，辅导员应该具备的主要知识是其专业发展所必须具备的，其他的则是基础、支撑、有条件的知识。在核心领域，马克思主义与思想政治教育的核心知识理论是上位与下位的关系，是一种引导和被引导的关系，我们不能简单地用"主体"和"条件"这两个概念来概括，割裂马克思主义与思想政治教育的密切联系。高校辅导员的知识结构涵盖了很多专业领域，但是各个学科的知识都是大学生思想政治教育工作的基础，其中一些知识的存在和拓展不能满足实际工作的需要。就拿学习辅导来说，并不是整个辅导员队伍都需要的。因此，从高校的现实情况来看，辅导员的专业知识结构应该以思想政治教育为核心。

（三）高校辅导员职业能力的技能要素

尽管辅导员的具体工作职责不明确，但其工作职责与实际工作要求具有相应的职业素质。职业技术能力的培养包括三个层面。

1. 职业基础技能

辅导员的职业基础技能包括根据工作任务和现有的知识，对大学生进行有效的思想政治教育；发挥学生的积极作用，培养学生干部，培养良好的班风和学风；有效执行日常教学管理技能，如组织管理技能，有良好的人际关系沟通技巧、口头和书写技巧，具备运用计算机技术和网络技术进行思想政治教育的能力。

2. 核心意义的专业技能

高校辅导员工作的第一要务就是对学生进行思想政治教育，其主要内容包括政治导向、思想价值导向、道德品行培育等。

3. 转化意义的拓展技能

在实践中，辅导员勇于突破，开拓思维，创新工作，不仅要看自身的思想素质，还要看优秀的创新能力；辅导员要在工作中不断创新，要有扎实的科研基础；辅导员具备了较强的自我学习和知识传递的能力，能够胜任繁重的工作，能够经受住各种工作任务的挑战与考验；辅导员凭借着知识迁移、知识整合、知识应用的能力，能够在工作中举重若轻、举一反三，不断地创造新的工作成果，开创出一个美好的事业。

二、高校辅导员职业能力结构体系的多维构建

在能力理论中，能力结构是一个非常重要的问题，而对其进行分析，则涉及如何正确分析其发展现状，并给出相应的对策。

但是，目前对辅导员的专业素质结构体系的探讨并不多，一些学术观点还没有形成一致意见，也没有得到足够的关注。要对高校辅导员职业能力结构体系进行界定，既要适应时代的发展和变革，又要具备继承性、借鉴性和满足职业能力的结构性需求。其实，辅导员的职业能力结构是客观存在的。辅导员的职业能力根据其功能价值与实践取向不同而存在着一定的差异。本书对辅导员的职业能力从平面到多维度进行研究，以期系统地把握其整体结构，建立起立体、有逻辑性的职业能力结构体系。

（一）高校辅导员职业能力的平面样态

人们需要考虑的是当他们的能力达到了一定的程度，或者说当他们的能力达到了一个极限之后，他们就会开始考虑更深层次的问题。基于这一点，本书首先对辅导员的职业能力结构进行了研究。

随着 2014 年教育部《高等学校辅导员职业能力标准（暂行）》的颁布，学术界对职业能力的界定和要求有了新的理解，包括思想政治教育、党团和班级建设、学业指导、日常事务管理、心理健康教育与咨询、网络思想政治教育、危机事件应对、职业规划与就业指导、理论和实践研究九种。

根据 2017 年教育部《普通高等学校辅导员队伍建设规定》关于辅导员职业能力的介绍，从"学业指导"到"学风建设"，从"思想政治教育"到"价值观引导"，都需要辅导员来处理。若按一般能力和特殊能力进行分类，那么九种能力都是特殊的。而组织管理、语言表达、教育引导、调查研究等能力是最基本的职业能力。将辅导员的各种职业能力按照基本能力和核心技能进行横向分割，如表 3-1 所示。

表 3-1　职业能力单元的分类

职业能力单元	能力单元的意义包容	职业能力模块
思想理论教育和价值引领	·思想理论教育能力 ·核心价值引领能力	职业核心能力 职业特定能力
网络思想政治教育	·运用新媒体开展思想政治教育能力，传播先进的文化能力 ·网络素养教育能力 ·培养新媒体创新工作路径能力	
党团和班级建设	·学生骨干的培养和班级建设能力 ·指导学生党团组织建设能力	职业特定能力
学风建设	·熟悉学生学习情况能力 ·培养学习习惯和良好兴趣能力 ·指导学生课外科技文化活动能力	
学生日常事务管理	·开展入学教育 ·组织开展学生军事训练 ·组织评选奖学金、助学金 ·为学生提供生活指导	职业基础能力
心理健康教育与咨询工作	·排查学生心理问题能力 ·学生心理疏导能力 ·心理健康教育宣传能力	
校园危机事件应对	·开展基本安全教育能力 ·处理校园危机事件能力	
职业规划与就业创业指导	·指导学生进行职业生涯规划能力 ·指导就业创业教育能力	
理论和实践研究	·基本理论和相关学科知识学习能力 ·学术素养能力，教育科研课题研究能力	职业拓展能力 职业基础能力

（二）高校辅导员的职业能力层次结构

辅导员的职业能力是其素质的一个重要指标。根据其主要工作任务与工作职责，辅导员应具备基本的核心能力，进行思想政治教育、日常工作的基础能力和对事业发展产生影响的扩展能力。

1. 辅导员的职业基础能力

辅导员的职业基础能力是指辅导员在工作中必须具有的基本素质和能力，这不仅包含了自身的先天属性，还包括了后天培养的素养，其中包括了思想政治素养和智能素养。例如，对辅导员进行录用评估，从一定程度上考察了其专业素质与能力。国家对辅导员的基本素质要求，包括组织管理、语言表达、教育引导、调查研究等。基础能力是指基本的职业技能和扩展技能。

2. 辅导员的职业核心能力

辅导员的职业核心能力，又称为专业技能，是指在履行其主要工作任务时，必须具备的主要专业素质和主要专业技能，是其工作专业性的突出体现。核心能力与其所承担的工作任务、所处的专业领域相对应，也就是其所具有的思想政治教育能力。辅导员作为学生管理人员，其核心能力就是围绕着学生的工作来体现的。核心，就是集中、关键、统帅、凝聚。辅导员是否能够胜任自己的工作，主要依赖于其自身的专业素质和关键能力。例如，辅导员在政治素质、思想教育能力等方面，与普通的学校职员有很大的区别，与普通管理人员也有很大的区别。辅导员在教学中所具备的对教学规律的深刻理解，是其核心素质的具体表现。

3. 辅导员的职业拓展能力

辅导员职业拓展能力主要表现在创新能力、科研能力、职业观念更新、知识自我学习和更新、职业素质自我提高等方面。职业拓展能力的形成源于职业能力的发展，服务于职业能力的发展，是职业能力发展的内在动力，是职业能力发展、创造业绩、拓展职业发展的动力源泉。

辅导员职业能力与其职业核心能力、职业拓展能力有很大的关系。第一，三种能力是相互融合的关系，以核心能力为核心，扩展能力、基础能力是基础，如图 3-1 所示。

图 3-1　辅导员能力结构要素的包容形态图

第二，三种能力形态交叉融合，并各有边界，如图 3-2 所示。

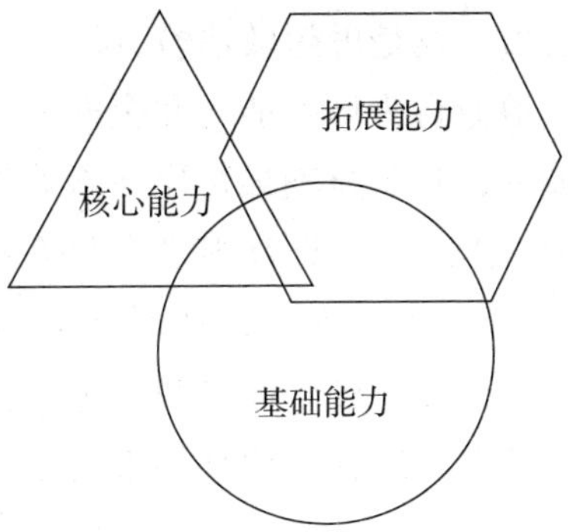

图 3-2　辅导员能力结构要素的交叉形态图

第三，三种能力呈现递增关系，前者是发展的先决条件，后者是以前者为基础的，如图 3-3 所示。

基础能力　➡　拓展能力　➡　核心能力

图 3-3　辅导员能力结构要素的递进形态图

实际上，三种能力是对立统一的关系，它们的内涵和方向都有各自的特点，但它们又是一个整体，以其整体的作用为主要的行为方式。

（三）高校辅导员职业基础能力的范畴

对于辅导员的职业基础能力范畴，目前学术界尚无定论。刘海春认为，辅导员的专业素质是指在思想、业务、个性等方面不断提高和发展的一种综合素质。它包括组织管理、人际关系、学习、科研、创新等。周家伦认为，高校辅导员应具备以下几点：能够做好学生的思想政治工作；加强大学生心理辅导能力的训练；通过个案的分析，指导学生的学习方法；加强对学生职业道德的教育。这就是我们的思想政治工作。

本书认为，很多学生的发展需求都不是由辅导员来完成的，很多机构设置、设施建设、师资配备等都是为学生发展服务的。而对学校来说，要为学生的发展服务，就必须有明确的工作职责。

（四）高校辅导员职业核心能力的指向

辅导员的核心职业能力，就是思想政治教育能力，它包括政治方向引导能力、思想价值引领能力、道德行为培养能力和全面发展指导能力。辅导员核心能力是在工作过程中形成的，是彰显辅导员内在素养的能力，是一种"积累性学识"，也是区别于其他工作岗位，具有难以为竞争者所模仿所替代的明显特征。辅导员核心能力的培育，从无到有，从弱到强的过程，是外部灌输式培养、技能化训练的过程，也是辅导员个体自我学习、自我训练、自我反思的过程，也是内部积累与外部获取相结合、内部要素能力与外部工作平台交相融汇而不断建构的过程。

（五）高校辅导员职业拓展能力的意义

1. 较强的自我学习能力

辅导员要做好各种工作，必须有深厚的专业基础、有深厚的学识、有弹性的心态。辅导员根据自己的工作性质、工作特点，不仅要学习自然科学，还要学习教育学、心理学、政治学、组织行为学等各方面的知识，了解教育和人才的发展规律。在政治、经济快速发展的时代，辅导员不仅要培养学生以科学的心态去剖析政治、经济、文化、道德等方面的现象，还要引导学生正确认识社会的各种思潮。随着知识经济和信息技术的飞速发展，学生所掌握的知识数量呈几何倍数的增加，必然会给教学带来新的挑。这就需要高校辅导员具有较强的自我学习能力。

2. 较强的教育科研能力

辅导员的自我发展是指辅导员知识广度的拓展、操作能力的提高和情感的发展，而辅导员的科研能力是其专业素质和能力持续发展的重要前提，是其专业化水平的最高体现。辅导员的科研能力表现在：一是善于反省自身的教学行为及周边的教育现象；二是具有问题意识和学习意识，具有敏锐、探究、实践、发现问题、解决问题的能力；三是树立坚持探究和研究思想政治教育的规律的意识。当今社会，高校学生工作的复杂性和不确定性越来越大，辅导员要想准确把握教学规律，科学合理地进行教学工作，就必须不断提高自身的科学研究水平，保持处处主动，做到"早预见、早解决"。

辅导员要认真地学习和反省自己的教育实践，要善于吸取他人的经验和教训，并从自己的教学实践中吸取教训，从中得到启发，主动积累大量的材料和实践经验，进行归纳、理论分析，形成坚实的理论依据，进而引导后续的工作，从而极大地调动工作的积极性和自觉性，持续提高自己的工作能力。

3. 创新能力

创造性思维是指辅导员在进行思想政治工作中不拘泥于传统的思维方式，不受传统思维方式和框架的束缚，敢于创新，不断丰富和完善工作内容，以适应时代的发展变化，使创新精神贯穿于教学工作中。由于辅导员工作客体的多元化，使其成为一项具有创造性的工作。在现代高校，传统的单一教学模式已明显不能适应当代大学生的实际需求，使其面临前所未有的严峻挑战。这就需要辅导员在传承和弘扬优秀传统的同时，不断提高自己的创造力，特别要在工作方式、管理理念、思维方式等方面进行创新，充分挖掘和综合利用各类教育资源。辅导员创造性地解决学生的思想、生活、学习、就业等方面的问题，是高校思想政治教育工作中最基本的素质，是高校思想政治教育工作的重要力量。

（六）辅导员职业能力的总体功能

辅导员的职业能力构成既是一个复杂的体系，又是一个多维度的综合体系，即以完成中心工作或核心工作、履行职责为主要目的，通过系统内部各个因素的协同作用，构成一个相互影响、缺一不可的整体，从而使职业能力全面发展。不断充实和改进工作内容，使之与时代同步，是其核心能力的重要组成部分。辅导员的基础能力，可以成为其核心能力的一个细胞，也是其核心能力的单位。辅导员的扩展能力是一种能促进其基础能力发挥、发展和提高的催化剂。

第三节　高校辅导员的专业素质培养效果及面临的问题

一、高校辅导员的专业素质培养效果

（一）高校辅导员队伍不断壮大

教育部发布：教育部多次对辅导员队伍配备未达标的省份和部属高校进行"一对一"专项督办。截至 2022 年 3 月，全国高校专兼职辅导员达 24.08 万人，比2019年增加了约5.2万人，师生比实现从1∶205到1∶171配置，31个省（区、市）辅导员配备实现整体达标。按照全国教育发展统计公报中所列的全日制本专科学生规模和普通高校数量1∶200的比例来看，高校的专业辅导员数量已基本符合高校规模。高校辅导员队伍的年龄结构、学历结构和知识结构都得到了优化，专业辅导员队伍结构初步形成，专业辅导员队伍结构由专业辅导员和专兼结合的辅导员构成。

（二）高校辅导员能力大幅提高

高校组织辅导员培训、辅导员技能竞赛、辅导员年度人物评选、辅导员论文评选等，在实践中，辅导员的整体素质、专业能力得到了明显的提升。在各级各类职业能力竞赛中，辅导员都是根据自身职业能力的发展而进行的，通过各种技能培训、大赛、年度人物评选、科研项目等活动，不断地提高自身的职业能力，不断地作出成绩，把努力变成成果，把经验变成科学，从而夯实职业能力。辅导员在改革、发展、稳定、思想教育、人才培养等各方面都具有举足轻重的地位。高校辅导员年度人物、职业技能大赛的优胜者纷纷登上新闻媒体和校园网络，成为新时代高校辅导员的典型代表，体现了新时代辅导员持续发展、昂扬向上、敬业奉献、引领价值、开拓前进的职业追求。

（三）高校辅导员职业认同不断增强

辅导员的职业发展应实现自我认同、学生认同、教师认同和社会认同。认同是一种成就感。通过培训、激励、考核等措施，辅导员对工作有了新的认识，提高了工作积极性，增强了对学生、单位和社会的认识。

（四）高校辅导员专业团体的主动性

21世纪以来，大学生的思想观念、价值观念、行为方式等都发生了巨大的变化，传统的价值观念、集体主义观念、道德行为和自律观念都面临着新的挑战；网络信息技术的迅速发展，给高校学生的思想政治教育带来了新的困难，网络信息的即时性、虚拟性、娱乐性和丰富性，给传统的德育内容、方式、载体带来了严峻的挑战。

长期以来，高校辅导员队伍肩负着教育、管理和服务学生的重要任务，他们以大无畏的精神和"燃烧自我照亮他人"的精神、以不屈不挠的精神探寻教育的真谛，通过培养学生的实践来提高自己的专业技能，这对大学生思想政治教育、引导大学生健康成长、促进高等教育改革和发展起到了不可替代的积极作用。

二、高校辅导员职业能力发展挑战

（一）多元价值观的挑战

进入 21 世纪，国际和国内的格局发生了巨大的变革，人们的价值观存在冲突，教育对象的多元化要求，信息技术的发展，使大学生的思想教育产生了新的影响和冲击。既有社会主义核心价值观受到社会多元化思潮的挑战，也有社会主义核心价值观受到市场需求的挑战，还有传统的教学导向模式面对网络多媒体的冲击，等等。

（1）中西文化碰撞衍生出的优秀传统文化对当代大学生价值观、人格素质产生了巨大的冲击。在改革开放进程中，引进了大量的西方技术，让大学生对西方的文化有了更深的了解。如何正确地认识西方的人性解放与西方法治的历史，认识中国法治建设的进程，根据中国的传统文化，培养和强化大学生的法治观念，促进大学生的思想品德的养成，高校德育工作扮演了重要的角色。

（2）社会主义市场经济的冲击，深刻地影响着大学生的世界观、价值观和人生观。经济成分多元化、经济利益多元化、社会生活多元化、社会组织多元化、收入分配方式多元化，都不可避免地带来了人们的思想、意识形态的多元化。市场经济的勃勃生机，使人们的物质生活得到了极大的改善，人们的价值观念也随着物质条件的变化发生了巨大的变化。迅速发展的财富和丰厚的物质基础，在丰富人民的物质和精神生活的同时，不可避免地滋生了享乐主义、拜金主义等思想；市场经济的趋利化与竞争对社会主义核心价值观产生了巨大的冲击，不同的人对生命价值的选择与追求也不同；不同的生存环境、生活的压力、受过的教育、成长的机遇、理想，以及个人与功利主义的侵蚀，对社会主义核心价值观的冲击是前所未有的。社会价值的多元化必然会给大学生带来一定的影响，因而高校思想政治工作的难度也随之加大。

（二）科技创新与发展的挑战

科技革命对大学生就业能力的发展提出了新的要求。当前，全球正处在一个大的变革时代。第四次工业革命正在酝酿中，新的观念、新的技术、新的东西不断涌现。多媒体、因特网、云计算、大数据、人工智能等技术已经走进了我们的日常生活，正在改变着我们的思想和认识。技术创新促进了社会工业业态的重组、经济增长方式的创新驱动，人流、物流、信息流的流动性增强。随着时间的推移，人们的创造力和解决问题能力也越来越强。因此，培养适应时代要求的全面素质、关键品格和核心能力，要不断加强对大数据发展规律的把握，运用互联网和大数据推进工作。新时期，高校辅导员要担负起培育社会主义事业的重要任务，要把教育工作的传统优势和现代信息技术的优势结合起来，要坚持对教学规律的探索，才能提高其教学质量。

（三）素养和能力要求的挑战

高校学生素质的提高，依靠教师的知识和能力。近几年，我国高校辅导员的学历、学位水平得到了极大的提升，但许多辅导员缺乏专业背景、丰富的知识储备，新形势下，仍然存在着"知识恐慌""本领危机"等问题。现代高校的各项改革，其实都与辅导员的工作息息相关，都是以教书育人为核心的。因此，教师的工作质量关系到教书育人的效果，也会从某种程度上影响学校的效益。

高校辅导员工作内容繁杂，从安全教育到心理辅导，从入学到就业，从政治导向到思想价值观，无不与辅导员的广博学识和扎实的专业技能息息相关。大学生的知识更新速度很快，但是知识的碎片化对他们的影响也很大。因此，辅导员要引导他们提升学习兴趣，从某种意义上引导他们更新和整合知识。高校辅导员的专业工作范围非常广泛，要求其在理论上不断完善，并不断吸收最新的人文社会科学知识，从而建立和发展新型的学科体系。大学生思想政治教育的理论体系，既要有思想政治教育的理论，也要有教育技术学、教育学、心理学、传播学、社会学等多个方面的理论。辅导员的职业能力包括基础能力、核心能力和扩展能力。基础能力包括处理人际关系的能力、管理能力、语言能力、信息技术和新媒体的运用能力；核心能力是对学生的思想政治教育能力，其主要体现在政治方向、价值观念、道德行为上；职业拓展能力包括创新能力、科学研究能力和知识更新能力。大学生思想政治教育是一个持续、系统的过程。辅导员的专业成长不仅要有自身的发展动力，更要有外部的培养和培育机制作为支持。

第四节　高校辅导员职业能力提升实践路径

一、树立提高高校辅导员职业能力的时代观念

（一）坚持立德树人的根本任务

"立德树人"是当前高校思想政治工作的一个重要内容。坚持以德为本、以学为本的理念，加强辅导员专业能力体系建设，引导辅导员提升思想政治理论水平，支持辅导员增长德、才、学、识，扩大技能积累，把"立德树人"作为一种基本的素质教育战略，促进其在教育过程中不断地提高自身素质，引领辅导员在职业能力和精神境界上不断提升。根据当前高校思想政治工作中存在的问题，对高校辅导员的具体工作进行梳理，是科学构建和提升其职业能力的前提。高校辅导员的工作身份是国家承认的，并被纳入了《中华人民共和国职业分类大典》中。根据国家赋予的教育职能，其政治地位与干部地位是十分明显的。根据高校的职位设置，高校辅导员是全职教师，属于教研类。从历史发展的观点来看，辅导员工作是秉承党的思想工作、具有中国特色的专业工作，是一种优良的传统。同时，辅导员队伍是一种相当有特色的师资队伍，它的形成和发展与中国特殊的思想观念、专业的培养规范紧密相关，而不仅仅是为了学生的管理。从教学责任的角度来看，教师的工作是以教学为本，管理人员是以管理为本、以工勤为本。因此，高校辅导员的工作应该从管理、服务两个方面转变为"教学"，但辅导员自身又具有管理职能，所以其工作兼具管理、服务和教育的职责与义务，即服务育人的义务。辅导员的设置丰富和完善了思想教育与学科专业教育紧密联结的高校人才培养模式体系，有利于解决学生的发展诉求，促进大学生的素质提高和全面发展。辅导员的工作使命是育人，与学校各职能部门有千丝万缕的联系，共同组成了育人共同体。辅导员应在纷繁复杂的工作中不忘自己的"主业"，种好思想教育的"责任田"。

（二）塑造信息时代高校辅导员形象

从本质上讲，辅导员的职业能力是指其主体的自我完善与超越。信息技术在"互联网+"的今天对辅导员的职业生涯和职业发展产生了巨大的冲击，如

果不能适应社会需要，将会被时代所淘汰。

教育迎来了前所未有的机遇和挑战。辅导员如何在最短的时间内完成由信息技术应用能力向信息素质培养的转变，重新塑造辅导员的形象，从而达到新的跨越？

（1）在信息化社会中，辅导员的专业素质提高主要体现在培养学生的主体性上。辅导员在塑造自我、树立自身主体性、实现自身专业发展的过程中，应注重学生主体意识与能力的培养。辅导员要有新的生命内涵，要认清自身的生存价值，让自己成为一个真实的主体；通过道德判断、道德自觉、道德整合和自我发展来促进道德人格的自我完善；在自我规划、自我锻炼、自我创新、自我扩展的过程中，提升自我的进取意识、责任感、自我效能；要坚定"四个自信"，树立"四个意识"，做好大学生思想政治工作，夯实思想和理论基础，以应对新形势下的严峻考验。

（2）网络平台与现代科技手段为高校辅导员的工作提供了有力的支撑。高校辅导员要想提高自身的能力，就必须在全面把握时代特征的前提下，进行系统的能力建设。辅导员要充分利用网上平台，对新的教育资源进行搜集、整理，以达到广泛的信息交换。教育资源的丰富程度越高，就越需要辅导员具有强烈的自觉和明确的主体地位来指导和规范自己的行为。辅导员要从丰富的教育资源中，认识教育的内在规律，认清自己的长处与短处，以更好地计划事业，优化工作能力。

（3）不断自我反省与提高，是提高辅导员专业素质的根本途径。随着互联网、大数据和人工智能的不断发展，教育生态发生了变化，信息传播、学习、管理、教学等方面都发生了变化。辅导员在自己的日常工作中，通过大量的交流和实际操作，及时获得反馈，更新教育，丰富和创新教育教学，调整能力结构，丰富能力的内涵，从而不断地提升自己的能力。

（4）信息化对教育的全面变革，促使着辅导员的素质得到不断的提升。在科技与教育的融合、教学方式的变革、教学空间的重构、教育目标的个性化发展、教育管理结构的变革的过程中，辅导员应拓宽教育活动的视野，打破传统的思维模式和行为习惯，勇于跳出传统教育研究的泥潭，不断探索新的高素质人才的培养规律，进入人才培养的新阶段。

二、构建高校辅导员职业能力提高的宏观战略

（一）健全高校辅导员的专业化工作机制

1. 高校辅导员工作的基础模式

对高校辅导员职业能力的研究，不能脱离其专业工作的现实，应该从对其工作内容模块的研究和探索入手。辅导员的实践模块包括以下几点。

（1）专题教学。开展以"德育""价值导向"为核心的主题教育。

（2）党团工作。组织、领导党团工作，培养学生的先进分子。

（3）道德修养。注重学风和班风建设、培养学生遵纪守法的德育工作。

（4）援助资金。开展以"扶贫""扶智"为重点的助学育人工作。

（5）校园文化。大学校园文化活动是以培养科学和人文素质为目的的。

（6）社交活动。组织各类社会调查、志愿服务等。

（7）管理的常规。它包括各类基础资料的归档、统计、班级管理。

（8）个人的服务。它包括心理咨询、特别团体及特殊问题的解决。

以上8个模块基本上覆盖了辅导员主要职责范围之内的各种有形和无形的工作。有几点需要特别指出：第一，思想水平、政治觉悟、道德素质、文化素养四个方面，在实际操作层面上表现为有形和无形两种类型；在主题教育中，主要包括思想政治教育、道德素质教育、文化素质教育，还有入学、毕业、就业、心理健康等方面的教育。第二，党团活动，包括学生先进分子培养，由于辅导员的职位和职责的不同，如党委书记、团委书记、学工处长等与普通辅导员的工作差别，以及受到党员人数和学生党支部的设置等因素的影响，并不是所有的辅导员都有同样的工作。同时，党团工作要按照规定进行。第三，德育工作主要是通过各种形式的活动载体来进行的，包括纪律检查、对有关活动的反馈、个别谈话和交流。第四，校园文化，主要是引导学生通过班级、学生会等组织进行有关的活动。

2. 高校辅导员工作的运作方式

从辅导员的工作模块可以看出，8大模块中，思想政治教育是主题教育的重点，除资助、帮扶、个别辅导、常规文件管理外，还可以采取专题或主题教育的方式。

为了凸显教育的重要性，使工作制度更加合理，可以从运作方式上进行如

下的探索。

（1）定期管理的程序化和标准化：将奖学金、助学金的评选纳入程序中，将学生的自然状况等相关的档案信息（包括图像）预先存入辅导员的教育数据库中。在有关的资料库中，将本班或专业科组的学习成绩及学术成绩记录下来。

（2）制度化德育：把重要节日、纪念日安排列入全年工作计划，把班会等活动列入日常工作中。以多种形式开展德育活动，增强德育效果，以丰富合理的方式激发德育情感，培育德育观念，指导德育实践。

（3）加强对辅导员专业素质的研究，应以其工作的主体内容为基础。辅导员的职业能力主要有：引导政治取向、引导思想价值、教育活动的设计能力、实施和指导能力、道德修养培养能力、组织管理能力、语言表达能力、人际交流能力、调查研究能力、信息技术应用能力、创新能力、知识更新能力、迁移能力，以及宣传、解释和执行法律法规、政策能力。

（二）夯实能力建设的理论基础

感觉只能解决表面的问题，而理论却能解决问题的实质。理论是人的思维与行动的根本，而理论的成熟意味着政治的成熟，而理论知识的积累则是影响其专业技能水平的关键。有坚实的理论基础的人，能够轻易地形成正确的、深刻的理解，并能从事物的表象中看出事物的本质，从而正确地判断事物的发展趋势，作出正确的判断，以一种有序的方式来减少工作中的失误。辅导员专业工作和辅导员能力的培养离不开坚实的理论基础，这既需要对马克思主义尤其是马克思主义中国化思想的深刻理解，又要深入地把握中国的特色教育思想，更要突出辅导员的思想意识和对问题的分析和理论思考。

首先，辅导员要认真学习，全面、准确地把握"三个代表"的科学内涵和精神实质，正确把握好"三个代表"的基本要求；要把教育放在第一位，坚持以教育为中心的战略部署，坚持社会主义教育方针，深刻理解和把握深化教育改革与创新的鲜明方向；要确立立德树人的根本任务，培育德智体美劳全面发展的社会主义建设者和接班人；要把握教学规律，顺应学生的生长规律，自觉提高教育情怀、专业意识，不断提高教育自觉的境界。

其次，加强高校学生的思想政治教育，是高校德育工作的重要内容。加强思想和行动意识，实现伟大的中国梦，牢固树立"四个意识"，政治、大局、核心齐抓共管，进一步增强"四个自信"，就是要始终坚定中国特色社会主义道路自信、理论自信、制度自信、文化自信，才能真正实现中华民族的伟大复兴。

最后，辅导员的理论基础来自对教育的一片赤诚，来自多年的思想理论研究以及对教育实践问题的理解。辅导员入职，并不是说他们已经有了很高的理论知识，而是要加强思想认识和理论，要把重点放在坚定理想信念、培育爱国主义情怀、强化道德修养、增长学识、培育拼搏精神、提升综合素质等方面，努力培养一代又一代坚持中国共产党领导和社会主义制度、立志为中国特色社会主义事业而努力奋斗的合格人才。

三、高校辅导员职业能力提升的实践路径

社会进步的同时，出现了新的问题、新的矛盾、新的要求。高校辅导员队伍的专业化建设应顺应时代发展的需要，在新形势下不断探索新的发展道路。

（一）完善高校辅导员职业能力培训体系

高校辅导员的职业培训是提高辅导员的职业素养和专业化水平的重要手段。世情、国情的发展变化，高等教育大众化进程的加快，教育工作的复杂性、特殊性和艰巨性，要求系统构筑和不断完善符合中国高校特点的辅导员能力培训体系。

1. 建立职前教育与职后教育一体化的职业教育培训系统

高校开设了职业教育培训系统，在招生的过程中，就已经将其列入了高等教育的一个重要议程，而在大学开展的入职前工作训练更是体现了其职业生涯的实践性。进入 21 世纪以后，教育部注重培养方法的创新，注重培养质量，持续加强对辅导员的继续教育。

辅导员职前训练是指辅导员入职后，对其进行的基础理论和技能训练。在部分公立大学，新入编的教师和辅导员都要按照人事制度进行培训。培训内容包括加强思想政治和职业道德教育，培养他们的工作积极性和责任心，掌握基本的工作技巧，帮助学生应用所掌握的专业技术和技术来处理和解决实际问题，提高他们在工作中的能力和技能。

加强辅导员的专业素质，既要注重职后培训，又要注重职前培训的过程与成效，加强职前培训与职后培训的相关性。推动高校辅导员专业化发展，健全

高校辅导员的职能结构，必须强化职前教育与职后教育的有机结合。从提升辅导员的教育水平、培育专家型辅导员的视角来看，要继续扩大研究生的比例，从培养高质量教育工作者的角度出发，在部分大学开设的双学士学位课程中，增加思想政治教育的本科学位，增加思想政治教育、领导科学等课程。要把思想政治工作作为工作的中心和主线，加强培训，加强专业理论知识，加强实践技能，充实和健全高校辅导员的职能结构。

2. 继续完善高校辅导员队伍建设的教育系统

素质教育的教学体系主要有：教学内容体系、课程教材体系、方法手段和方式体系、评价体系。推动辅导员专业化发展，必须强化教育内容与培养过程的科学化，充分利用教育资源和培训平台的优势，以全面提高辅导员的综合素质和技能培训为目标，持续强化课程资源和课程资源的标准化，要把优质课程资源、优质教育资源与培训平台有机结合起来。为提高一线辅导员的素质发展提供公共服务，保证所有的特殊培训都有规则、有记录；不断地进行教育教学方式方法的改革与创新，通过实践教育、学术研究、挂职锻炼、学习考察、海外考察、校际交流、互派访问学者、联合讲坛、网络培训平台，营造灵活、个性化的学习环境，以适应各类辅导员学习与能力的需要；要不断地对我国高校辅导员的培养模式进行总结和改进，加快国家、省区市、高校三个层次培训机构的衔接和协调，形成定期培训与专题培训、中长期培训和短期培训、学历教育培训和在职培训、国内培训与国外培训结合的分层次、分类别、多渠道、多形式的培训格局。

（二）提供高校辅导员职业能力发展优质服务

辅导员的职业能力，尤其是其核心能力，是在工作中逐渐形成的，其主要内容是外在的灌输和能力的训练，也是个体自我学习、自我训练、自我反省的过程，是内部要素能力和外在工作平台的整合。探索如何提高辅导员的工作水平，其焦点在于如何培养学生。

1. 为促进高校辅导员能力培养创造有利条件

教育的实质在于实践，而实践则是提升辅导员专业技能的关键。学校可以根据学校的实际情况，进行有针对性的职业能力培训，采取"老带新""示范""典型""案例分析""专题研讨"等多种形式，营造一个良好的职业发展环境，提升其职业技能，增强其分析问题和解决问题的能力，增强其职业认同感、责任感和职业进取心。

指导辅导员深入基层，开展调研、收集工作实例、构建自身专业技能培训数据库，从实践中了解其重要性、认识其内涵。指导、督促辅导员"做中学"，将工作与学习相结合，使工作成为一个学习的过程。辅导员的专业知识和职业能力有待于培训和实践。在全国开展的高校辅导员专业技能大赛中，充分体现了"以赛带训"，实现从"理论"到"解题"，再到"语言表达""思维艺术"等全方位的提升。

2. 目标分类引导辅导员职业的多元化发展

高校要构建一个动态的人才培养目标系统，走多元化发展之路，是巩固骨干队伍、树立职业认同、实现经验积累与传承的唯一途径。针对不同的职业发展阶段、不同的职业发展水平、不同的职业背景、不同的职业发展需求，为每个人制订不同的职业发展计划。根据辅导员的发展需要，确立骨干、专家、"双肩挑"等不同的发展目标，以帮助辅导员在不同的发展路径上开拓自己的事业，并将其未来与团队建设的总体目标相融合。

3. 为高校辅导员搭建桥梁、铺路，提高其核心专业能力

要通过理论学习、业务培训、素质拓展、技能竞赛、实践锻炼、外出学习等多种形式，为辅导员的从业、敬业、乐业提供有力支持和可靠保障。通过组织和参与新时代优秀辅导员的创建，引导和激励广大辅导员，提高辅导员工作的整体素质和水平。

辅导员的职业对象能力是其职业发展的先决条件和依据，是其自身发展的内在动力和基本保障。高校辅导员的职业能力建设既要注重培养其职业道德，又要注重培养其专业知识和专业技术。贵州师范大学邱尹教授指出，高校辅导员专业化的发展既要从物质上、制度上保证，又要从培养辅导员的核心素质着手，提高辅导员的素质，是积极回应辅导员教育需要的基础。高校辅导员职业素养是高校毕业生在工作实践中所积累的"累积知识"，是无法复制的重要素质。辅导员在人才培养中，始终依靠其自身的专业知识和专业技术，以及长久以来所形成的文化基础。

第四章 高校辅导员的工作内容

第一节 思想政治教育

一、党团组织和班委建设

（一）党团组织、班委概述

学生党团组织可以大致划分为学生党组织、学生团组织、班级组织、学生会四大组织。学生党组织是学校党委领导下的学生基层党组织，是培养信仰坚定、素质过硬、专业扎实的社会主义建设者和接班人的摇篮。大学生团组织是指由高校、学院等各级团委组成的一支由高校党委领导的优秀青年学生团体。学生班级组织是由班级委员会组成的。学生会是由校党委、团委牵头，学生组织起来的组织。

班委会是高校的基层学生自治组织，是由全体学生推选出来的，一般是由班级的支部书记、宣传员、组织员、生活委员、学习委员、文娱委员等班团干部组成。

大学生党团组织和班委作为大学生思想教育的重要组织者和实践者，充分利用其自身的教育，团结和联系学生的天然优势，通过各种形式的教育活动，促进大学生的自我教育、管理和服务，为大学生的全面发展创造了良好的环境。

（二）学生党支部、学生团支部、班级三者关系

1. 学生党支部是核心

学生党支部在全班工作中起到领导的作用。学生党支部的工作要注意做到位，防止功能的缺失，不能仅局限于收党费，发展党员；也不能越位，超出自己功能范围，模糊与团组织工作的界线。党支部要清楚自己所担负的工作是整个班级的总体规划和对学生成长的思想引导作用，引领着班级和团支部的工作。

2. 学生团支部是活动主体

学生团支部的主要工作是在学生党支部的领导下，开展多种形式的实践活动，使学生充分认识社会，提高自身素质，丰富学生的生命。同时，它还担负着为党组织提供后备力量的任务。

3. 班级是基础

班级是学校工作中最基本的组织。同时，班级工作要在党支部的全面领导下进行，并与党支部的活动紧密联系在一起，其工作内容主要是要把课堂上的事情做好，保障学生正常的学习和生活秩序。

三者相辅相成，互为补充，以党支部为中心，以团支部为主体，以班级为基本力量开展各项实践活动。

二、形势政策教育

《关于进一步加强和改进大学生思想政治教育的意见》明确提出："高校思想政治工作是高校德育工作的一个重要内容，也是一个有效的方法。"国际国内形势的深刻变革，使得高校毕业生受到了西方文化思想、价值观的影响，有的迷失了自己的政治信仰和价值取向。形势政策教育针对大学生的思想特点和热点问题，使大学生认识到当前的国际形势，正确理解和掌握党的基本路线、方针政策，并能有效地抵御错误思想的入侵。

当前，形势政策教育应注重世情、国情、党情，注重党的基本理论、基本路线、基本纲领和基本经验教育；对形势、任务和发展成果进行宣传；加强党和国家重大政策、重大活动和重大改革措施的宣传；了解当前的国际局势、发展趋势和我们的外交方针，以及世界上的重要事件和我国政府的原则和立场；加强对党的基本理论、基本路线、基本纲领、基本经验的认识。

在当前形势政策教育中，热点问题同样具有举足轻重的作用。"热点"是指国际和国内相对稳定的形势在诸多因素的作用下发生急剧的变动。选择热点问题讲解可以加深学生对基本情况的认识，增强他们对热点问题的思考能力，使他们具有良好的判断力，能够理智地思考问题，避免极端的行为。

让形势政策教育融入社会实践，指导学生进行多种形式的教学实践，通过社会调查、社会考察、党团组织等形式的广泛参与，使大学生更好地了解党的路线方针政策，提高他们的社会问题分析能力。

三、社会实践

社会实践是人们有目的地、系统地、有组织地走进社会，接触实际，了解情况，接受教育，增长才能，作出贡献的一种物质和心理活动。它是一种让大学生接受新知识，认识新知识，了解新知识，服务社会，德智、身心全面发展的一种教学方式。

（一）理论宣讲

理论讲授是对学生进行教学活动的一种深入。利用暑期社会实践活动，大学生深入社区和基层，围绕党和国家的方针政策宣讲、结合时事的形势宣讲、面向基层农民的普法宣讲等，是开展理论宣讲的有效形式。

（二）职业实习

职业实习是指学生在与其专业技能相近的社会团体中开展实践活动。职业实习对大学生实践中理论知识的检验有一定的帮助，大学生在实践中消化、吸收、巩固学习成果，在实践中找到自己的缺点，提高学习的主动性和针对性，提高社会工作的参与度。

（三）军政训练

军政训练是提高大学生综合素质的一条有效途径。通过军训，加强对学生的爱国主义教育和民族文化的培养；培养学生革命英雄主义、集体主义、社会主义精神，发扬艰苦奋斗、吃苦耐劳的作风。

（四）社会调查

学生在假期进行社会调研，以经济社会发展为主要内容，到企业、农村、部队、商场、社区等地进行考察，提出建议，并形成调研成果。通过社会调查，可以帮助大学生了解社会现象，增强他们的分析和解决问题的能力，从而使他们变得更加优秀；使他们更深刻地理解社会的基本情况，从而形成正确的人生价值观念。

（五）生产劳动

生产劳动是高校毕业生为社会服务的一项免费劳动，它对提高大学生的劳动意识、职业道德具有重要意义，具有密切联系人民群众感情的重要作用；能够培育大学生的无私奉献精神，使其养成勤俭节约的生活作风，珍惜人民群众的劳动成果。

（六）社会服务

通过社会服务，增加大学生社会化实践经验，增强其社会责任感，加强学生的团结与合作的集体主义观念。社会服务的范围很广，对于指导学生为社会服务、为人民服务，建立正确的人生观和价值观具有重要作用。

第二节　日常事务管理

高校学生的日常事务管理在高校的教学中起着举足轻重的作用，而对学生的管理方式是否正确，会对学生的素质产生重要的影响。对大学生日常事务管理的目的、意义和内容进行深入的探讨，是高校辅导员在推进学生管理工作科学化、系统化、规范化、现代化的过程中不可回避的一个根本问题。学生工作是学校、学生个人和社会发展的一项综合性工作。这就要求高校辅导员对学生进行全方位的认识，树立正确的学生观念，培养正确的育人观念。

一、大学生日常事务管理概述

（一）高校学生日常事务管理的内涵

大学生的日常事务管理在学校的管理中起着举足轻重的作用，其管理的好坏直接影响着学校的办学质量。本书对学生日常事务管理的目的、内容和意义进行了论述，旨在推动高校学生管理工作的科学化、系统化、规范化和现代化。因此，辅导员每天的学生工作究竟是什么呢？学生的日常事务管理是指由学校统筹、组织、协调、控制学生的活动，由辅导员组织、引导，系统地为学生提供全面、有目标、有计划、有组织、德智体美劳全面发展、使其成为社会主义的接班人的教育、服务、管理过程。

通过对学生日常事务管理的界定，可以发现学生日常事务管理的两个特征：第一，大学生的管理工作涉及的范围很广，内容也很复杂。高校学生日常事务管理是高校管理工作中的一项重要工作，其内容有一年级招生、纪律管理、班级管理、宿舍管理、公民道德教育、奖励和惩罚管理、国家助学贷款、特殊人群的管理、理想信念、民族精神、职业规划、安全教育、毕业生就业、家访、实习、技术革新等。尽管管理的内容多种多样，但是管理具有整体性和目的性等共性。第二，学生与学校是学生日常事务管理的主要对象，在不同的环境中可以发生变化。从总体上讲，管理的主体是学校，而学生是被管理的对象。学生并不只是以客体的形式存在，而是以主体的形式参与到学校的教育活动中，使其主体意识得到强化。在这一层次上，大学生应在其日常事务管理中充分发挥其管理职能，做到真正的"自我管理"。

（二）高校学生日常事务管理的目标与意义

尽管大学生的日常事务管理在各个阶段的目标、内容、意义都发生了一定的改变，但总的来说，基本的目标和意义仍然得到了传承和发展。

1. 大学生日常事务管理的目的

学校的日常事务管理的主要目的是为学生提供优质的学习环境，培养学生自立自强、艰苦奋斗的精神素质，为大学生创造一个和谐、文明的校园环境，以促进他们的健康、快乐成长。

以往，学校主要是对学生的日常生活进行强制控制，但在新的社会背景下，对学生进行严格的管理会对学生主体带来不利影响。高校辅导员要增强大学生的自我管理意识，提高大学生的创新能力。

2. 大学生日常事务管理的意义

大学生的日常事务管理内容是多种多样的，从各个层面上表现出来的含义也各不相同。对学生而言，学生的日常事务管理对个人的健康发展起着重要作用，能使学生得到全方位的发展。有效地进行学生的日常事务管理，能够为其健康发展创造良好的外在条件，特别是对缺乏自控能力的学生。这样的话，学生的日常事务管理就成为一种良好的引导，为学生创造了一个良好的学习氛围。明晰的规则规定了学生应该做的事情和不应该做的事情，使学生能够从这些规则中学习到做人的道理，养成良好的行为习惯和性格。学生的日常事务管理有利于培养学生的自主性，而学生管理的科学化能够有效地指导学生的自我教育和管理，从而实现学生的自律、自治、自立和自强。①

就教学而言，学校的一切日常工作都是围绕着教育和教学展开的。科学、高效的管理方式，既能维护学校的正常教学秩序，又能保障教育、教学工作的有序进行。同时，通过对学生的日常生活和行为的管理，可以有效地指导学生的学习、生活、行为，提高教学质量。在一定程度上，对高校学生的日常工作进行科学、高效的管理，是确保教育教学活动顺利开展和实现目标的根本。

就社会而言，学校是与社会紧密相连的社会组织系统。学生的日常行为也在一定程度上影响着社会，是大学生个人社会化的一种重要方式。高校辅导员通过一系列的实践活动，将知识、价值观和行为准则传递给学生，消除他们的错误思想和行为习惯，确保他们的健康成长，促进社会的稳定和良性发展。

3.大学生日常事务管理的基本原则

大学生的日常事务管理是一项复杂的系统工程，因而在每天的工作中，辅导员要做到事半功倍。管理好学生的日常工作，一是要理解、尊敬、树立科学的学生观念，二是要建立和完善学生的日常管理机制和制度，以确保学生工作的正常开展。

（1）了解和尊重学生。

大学生是学校的首要管理目标，所以在实施过程中必须最充分地了解学生。高校辅导员要从学生的身心发展特点、生活经验、生活需求等几个方面着手，了解与尊重学生，这是实施大学生日常事务管理的根本条件。

（2）学生观念的科学性是学校日常工作的中心。

大学生视角是指大学生对大学生的基本观点，其影响着大学生的管理教育。在辅导员与大学生交往过程中，对其工作方式产生了一定的影响。不同的学生观念会产生不同的管理方式，也就会产生不同的结果。

通过对高校学生思想政治工作的反思和实践的对比，可以发现当前高校学生的思想政治工作还存在不少问题。

第一个观点是把学生看作被动的客体。这一思想把学生视为管辖的对象，常常忽视了学生的利益与情感，管理者们大都以各种严厉的规章制度来约束学

---

① 孙增武，王小红，李波．新时期高校辅导员工作的理论与实践研究 [M]．长春：吉林大学出版社，2018：67.

生，并强制他们去执行，形成了一种单向的、听命的管理模式。这种学生观下的学生管理制度，既能促进学生的自律，又能促进集体意识的养成，但会抑制学生个体意识、自主意识和平等意识，对其个性发展不利。

第二种观点认为，学生既是独立的个体，也是学校的管理者。它强调学生的利益与情感，注重学生的个人发展和自我管理。"三位一体"的学生思想，充分地发挥了学生主体的作用，但是在规范、纪律等方面却相对薄弱，管理中存在着被过分淡化的问题。在美国等西方国家，大部分人都持有这样的观点。

第三种观点综合了前两种思想的优点，将学生视为主体和客体，形成了科学的学生观。管理者应从制度等方面对大学生的行为进行规范，以培养其良好的学习、生活、行为习惯和提供合适的教学环境，使其积极地参与教育管理，使其成为一种有效的自我管理和管理方式，使管理者和学生之间的关系更加和谐。

因此，科学的学生观对学生的日常事务管理意义重大。为此，高校辅导员应确立科学的学生观，构建科学的学生管理体系，并对其进行指导。

（3）保障学生日常事务管理的组织和制度建设。

学生日常事务管理组织结构的建立既有垂直的，也有水平的。在纵向上，应该建立由中央到地方，再到学校的垂直管理体制。从横向上看，应通过加强学校、家庭、社会三个层面的沟通，加强学校、家庭、社会三者的协作，充分发挥社会各方面的作用。同时，有关的学生工作管理体制也需要进行改革和改进。在制度中，要明确各个部门的职责、权限和工作方式。同时，要对学生的学习、工作、生活等进行规范教育，以确保学生的行为得到切实的规范。

二、大学生日常事务管理的主要内容

（一）新生入学管理

高校新生入学管理的内容主要有入学教育、自我管理、国家助学贷款管理、特殊群体管理。

1. 新生入学教育

为了让大学生更好地适应新的生活，对大学生的入学教育是十分必要的。

（1）召开新生教育会议。

首先，辅导员要为新生介绍当地的天气、校园及周边的人文地理，以加强学生的安全意识。其次，要让新生了解学校的规章制度、管理规定和精神内涵，防止学生因违规而受到学校的惩罚。辅导员要突出指导者的作用，使学生对自己更加严格要求，遵守校规，确保学生顺利毕业，成为全面发展的人才。最后，辅导员要着重解决学生的学习问题。大学不同于中学，基本上都是自学，不注重学习，必然会让自己变得更差，从而浪费自己的时间和精力。因此，辅导员要引导学生明确自己的学习目的，并对自己的人生进行细致的计划。大学生要立足于就业，不断充实自己的知识体系，加强专业技能的学习，拓宽知识面，做好知识储备，为以后的顺利就业奠定坚实的基础。

（2）军训。

军训，可以使新生具备基本的自立能力、良好的生活习惯、坚忍的性格，为以后的大学生涯奠定坚实的基础。

（3）举办"专题讲座""学习体验交流会"等各类活动。

通过举办"专家讲座""学习体验交流会"等形式的活动，学生能在最短的时间内认识自己所学的学科特征，并能激发学习的兴趣，使自己更快地融入新的师生关系和同学关系，从而达到更好的学习效果。辅导员通过引导学生进行自我管理，增强自身的自律性，明确班级领导，以强化对学生的日常事务管理。

（4）组织竞赛、评比活动。

新生入学后通过比赛、评比，让新生了解遵纪守法、明礼诚信的必要性，培养他们树立良好的纪律意识和集体荣辱观。

（5）开展丰富多彩的党团活动。

开展丰富多彩的党团活动的目的是培养学生的自信心，培养学生良好的思想品德、坚强的意志品质、健康的心理、健全的身体和全面的素质。

新生进入大学后，面临着全新的社会环境，对他们进行入学教育，使他们更易于接受学校教育，为辅导员开展各项教育工作提供了便利。辅导员要抓紧时间，加强对新生的教育，提高他们的自主性，以确保未来的教学工作能够顺利进行。

2. 自我管理能力

在当前阶段，全面推行素质教育是学校的核心任务。德育是素质教育的核心内容。而当前大学生思想政治教育工作较为困难，绝大多数学生的基础知识和基本技能都不够扎实，思想观念容易受到不良社会风气的影响。那些纪律松懈的学生，甚至连教师的责备和学校的惩罚都不害怕。针对这一状况，辅导员可以采取以下几个方面的措施。

（1）练就"内功"，树立威信，以身作则。

搞好班级工作，辅导员要加强学习，提升专业能力，树立权威。辅导员首先要加强自身的品德建设，以自己的行为举止为学生树立榜样。此外，不断地用新的知识来充实自己，经常看有教育意义的书籍，以吸收他人的优点，弥补自己的不足。同时，要关注学生的思想、情感、需求的变化，并从中获取思想的信息。要实现"知人知面知心"的教学目标，提高教学管理水平，就必须在言语、会话等方面进行持续的训练，尽量修好自己的"内功"。

（2）加强对学生的耐心教育、鼓励和指导，增强其自身素质。

如果一个学生违反了纪律，仅靠制度来惩罚他们，是不能解决根本问题的。当然，高校要有必要的纪律、制度和规章，但更要对受教育者进行教育、鼓励和引导，以使其增强意识，自觉地进行教育和自我约束。教育的成败，就是要让受教育者有自己的教育。"堵"是绝对不行的，"导"是唯一的出路，就如同大禹治水一样，只要会疏通，就不会堵塞。因此，要做到有效的引导、启发，做好思想疏导，并根据学生年龄、心理特点、个性特征和性别特点，进行有效的教学。

（3）增强学生的自信心。

心理学研究显示，自信是人的成功之本，而赞扬则是人获得自信的最好方法。对学生的教育要少批评、多表扬、多鼓励、多启发、多引导，做到对学生的关爱和严格的要求相协调，对错误也绝不纵容。

（4）引导学生"自管""自律"。

要引导学生自主学习，让他们主动组织各类专题讨论会。为了激发学生学习的积极性，班级里的大小事务基本上都是由班长负责，学生自己处理。

3. 国家助学贷款管理

"国家助学贷款"是党中央、国务院在社会主义市场经济条件下进行的，利用金融手段完善我国普通高校资助政策体系，加大对普通高校贫困家庭学生的资助力度所采取的一项重大措施。

在高校开展辅导员工作时，必须充分考虑到特殊学生的心理健康状况。辅导员要掌握学生的家庭经济状况，掌握他们的学费和住宿费以及他们的生活费能否正常支付。对于有困难的家庭，我们可以为他们申请国家的助学贷款，这样既能保证他们在高校的学习，又能减轻其家里的压力。

在办理国家助学贷款时，经常会遇到一些学生（特别是外地人）由于手续不全而无法办理。在这个问题上，我们可以在现实条件下，适当放宽一些，这样才能最大限度地保障每个困难学生的贷款成功。

在申请国家助学贷款的过程中，也会有一些家境很好的学生加入。这会极大地影响国家助学贷款的数量，让那些急需帮助的学生拿不到国家助学贷款。为了防止这种现象发生，辅导员要去实地查看每个学生的情况，看看他们的家庭条件是否达到了国家助学贷款的要求。

同时，辅导员可以在每个班设立"学生贷款考察团"，由学生集体讨论，确定一个学生的贷款额度。然后，辅导员对名单通过家访电话等形式，进行进一步的调查。这不仅避免了学生的冒名顶替现象，还解决了学生的另一个问题，那就是学生为了解决自己的经济问题，并不一定要自己去申请，就可以拿到生活费和学费。

如果不让父母知道就进行贷款，不但会增加政府的负担，而且会对家庭产生很大的财政压力，也会使辅导员的信誉下降。因此，为了防止以上问题出现，辅导员必须亲自审核申请学生的资料，争取让国家的助学贷款能够帮助到那些真正有困难的学生。同时，辅导员还可以为有意向的贫困学生提供勤工助学的申请。

4. 特殊群体的管理

高校对在学习、生活、交往、心理、就业等方面有困难的学生要给予更多的关注，重点在服务、教育、管理等方面，重视对他们的人文关怀和心理疏导，让他们和其他学生一起进步、共同成长。

工作中努力做到"三个一"，即为他们当中的每一个学生建立一份档案，确定一名学习伙伴，制订一份成长计划，进行逐个指导与教育，并对这些信息严格保密。例如，某高校研发了覆盖各类学生的信息化管理系统，通过学生录入信息、学生卡登记、特殊学生情况登记三个途径，加上辅导员审核，在学期初实行全面普查，并及时更新，以便全面掌握特殊学生群体的基本情况，实施动态跟踪。学校还运用大学生思想状况分析会这个工作平台，组织有关方面专家、领导、教师和辅导员定期分析特殊学生群体的思想状况，提高工作的针对性和有效性。学校积极营造良好氛围，让关心和帮助特殊学生群体的暖流在校园传递。

（二）高校学生的日常生活管理

大学生的日常生活管理在大学生工作中占有举足轻重的地位。高校学生的日常生活管理主要包括纪律管理、公寓管理、班级管理、奖惩管理四个方面。

1. 纪律管理

自律是一个组织保持凝聚力的基础。在大学生的日常工作中，加强纪律管理是一项十分必要的工作。

在高校学生纪律管理中，首先，不能只限于对学生进行严格的控制。大学生基本具备了自主思维的能力，我们应从其个性特征入手，加以激励，而非强制，应当训练学生使用自律的方法，而非强制或要求绝对的顺从。其次，要对每个学生进行更深入的了解，如家庭背景、父母状况、健康状况等。最后，我们要放下"教师"的角色，特别是对那些长久以来缺乏家长关怀的学生，要主动与他们交流，与他们建立良好的关系，并及时地了解他们身边的事、遇到的困难。这样不但可以在学业上帮助他们，在生活上也能帮助他们。这样，纪律管理不但可以约束学生，还可以增强团队的凝聚力，培养学生的自律精神。同时，在人生道路上，当他们遭遇困难或诱惑时，能够用正确的心态去面对。

在教育上，提倡因材施教；在管理上，要针对学生的特点，采用不同的方法，以取得事半功倍的成效。但是，在工作中要注意的是，要仔细了解和分析不同学生的个性特征，然后选择合适的教育方式，不要张冠李戴。在执行纪律管理前，先制订一项管理方案，然后才能循序渐进地执行。对违反校规的学生，要及时批评教育，甚至劝退。

纪律是一个组织的基础，因而纪律管理是不可缺少的。一个好的制度，就是一个好的团队；一个好的团队，就会出现一群优秀的人。

2. 班级管理

班级管理是一种动态的过程，是指在特定的教学目标下，教师运用特定的手段与措施，引导整个班级，组织、协调、控制班级内的各类资源，从而达到教学目标。班级管理有四种方式。

（1）常规管理。

常规管理就是对教室的教学活动进行规范和执行。规章制度是学生在学习、工作和生活中必须遵守的基本行为准则，具有管理、控制、教育等功能。

（2）平行管理。

平行管理是指班主任通过对集体的管理间接地对个人产生影响，反过来通过对个体的直接管理去影响集体，从而实现集体与个体的共同管理。

（3）民主管理。

民主管理是指班级成员在服从班集体的正确决定和承担责任的前提下，参与班级管理的一种管理方法。在本质上，我们要充分发挥每个学生的主人翁意识，使每个学生都能成为自己的班级主人。

（4）目标管理。

目标管理，即教师和学生的合作制订一个整体的班级目标，将其转换为团队目标与个体目标，并融入整个班级的整体目标中，从而达到班级管理的目的。

3. 宿舍管理

（1）切实改善宿舍管理工作。

建立和完善宿舍职工每月绩效考评体系，对其工作责任心、服务态度、综合表现不佳的人员，经批评教育仍不改正的，要及时处理。对有突出贡献的员工要及时表扬，并在学期末对其进行表彰。

加强宿舍卫生、夜不归宿、违章电器等日常例行检查，发现问题不姑息、不迁就、不包庇，要及时通报。对出入宿舍进行严格的管理。管理员、值班员要对宿舍内的每个学生都有一定的了解和认识，并禁止无关人员进入宿舍。严格控制好贵重物品的进出，并督促学生妥善保管好自己的财物。在平常和周末，带有贵重物品的学生要出入公寓，并由校方开具出入证。

加强宿舍楼的夜班管理。宿舍办公室人员和宿舍管理员晚上轮班，在巡视宿舍的同时，重点关注员工的值班，对那些在工作中打瞌睡、脱岗、离岗等违规行为的，给予严肃的批评教育，情节严重的，要立即清退。实行首问制度。当班员工要负起自己的责任，不能逃避，要尽心尽力。开展日常工作，向上级汇报工作进展。强化对公共财物的损失赔偿管理。对个人在宿舍内发生的损坏、损坏物品的行为，经过批评、教育，让其按原价赔偿，加强对公共财产的保护。

（2）抓好星级宿舍、文明寝室评比工作。

加强文明寝室评比，通过对星级宿舍的评选，加强学生自我教育、自我管理和自我服务意识，从而促进学生的日常管理。

（3）深入扎实地抓好公寓党建工作。

党建进公寓是社区党建工作的一大亮点，对充分发挥学校党组织的战斗堡垒作用，发挥党员先锋模范带头作用，具有重大而深远的意义。在院党委和行政部门的领导下，把党建工作做得更好。

4. 奖罚管理

奖罚管理是一种管理方式，有着举足轻重的地位。只有做到赏罚分明，才能让所有人都信服，让学生愿意接受我们的管理制度。

（1）奖励。

高校可以通过评优奖学金等多种方式进行奖励。高校奖学金分为两类：一类是针对表现突出的学生，鼓励他们取得更好的成绩；另一类是进步奖，特别是对有进步的学生进行奖励，以激励他们继续努力。如此一来，学生的自尊就会得到极大的满足，他们的自信心也会得到极大的提升，他们的学习成绩也会变得更好。

特别要注意的是，奖学金评定，必须有一个公平公正的评判标准，让所有人都知道。根据公平、公正和公开的原则，对学生进行评估。优生、优干、三好标兵等，不仅是一种荣耀，更是一种对学生能力的肯定。考核的时候，遵循公平、公正、公开的原则，以班级为单位，由学生选出，然后由辅导员进行统计，最终公布结果。

（2）惩罚。

惩罚要清楚，但处罚并非目的，纠正是最重要的。我们的终极目标就是要用这个方法来提醒那些平时缺乏自律的人，从而帮助他们纠正他们的坏习惯。例如，三次以上的旷课，可以被取消成绩或者是扣分。虽然是大学生，但并不意味着他们就能独立地学习，还有一些问题，如惰性，需要管理和督促。通过对大学生进行有效的监督，实行奖惩分明的管理体系，可以使大学生的自律性差得到有效的改善。

（三）思想品德教育

大学生的思想品德教育对大学生的心理健康发展具有十分重要的意义。高校思想品德工作的内容主要有理想信念、公民道德、民族精神和素质教育。

1. 理想信念教育

理想信念教育是对社会主义、共产主义理想信念进行不断的教育与实践，以实现对大学生理想信念的不断坚定，进而实现"做什么人""走什么路"的目标。因此，理想信念对人的一生具有指导意义，它指导人的奋斗方向，给人以前进的动力，激励人朝着自己的目标努力。理想信念是把人的精神生活的方方面面结合起来，并在一定程度上指引人们对生命的追求。加强大学生理想信念教育是高校辅导员工作的重要内容。

2. 公民道德教育

在政治与教育领域，公民的道德教育始终是一个中心议题。一个健康、安定的民主社会，除了要建立在基本的社会架构上，更需要提升民众的品质、态度、行为能力。因此，加强公民道德意识、公民身份认同意识的教育，对于促进社会和谐、维护国家稳定有着十分重要的作用。

3. 民族精神的教育

弘扬和培育民族精神，既是一种爱国主义教育方式，也是推进大学生文化和素质教育的需要。在大学生群体中培育和发扬民族精神，是实现中华民族伟大复兴的关键。高校辅导员要充分发挥班级主渠道的作用，营造良好的校园文化氛围，实现理想信念和爱国主义的统一，增强爱国的深厚情感，树立报国的崇高志向，培养建设祖国的能力，坚持报效祖国的积极行动。在民族精神的培养上，必须坚持以人为本的原则，培养大学生的民族精神。

4. 素质教育

素质教育就是培养有理想、有道德、有文化、有纪律的社会主义接班人，培养学生的道德情操、科学文化知识、良好的身体素质、良好的心理素质、较强的实践和动手能力、健全的个性，培养学生德智体美劳的全面协调发展。

（四）大学生稳定性工作

大学生的稳定性工作主要有三个方面：安全稳定、情绪稳定、在校稳定。

1.学生安全的稳定性

首先，安全教育工作常态化。安全教育应贯穿大学生的整个大学生活，不同的时期有不同的安全需要与教育要求，辅导员可将安全教育的主要内容细分为成体系的安全教育系列主题，在相应的阶段选择对应的主题，做到安全教育主题班会每月一次，使安全教育工作常态化。召开安全教育班会前，辅导员可以让学生自主收集案例，提高学生的参与度。

其次，重点关注特殊群体。重点要密切关注困难群体（家庭困难、学习困难、就业困难学生）、心理问题学生、受处分学生、身患疾病学生、单亲及离异家庭学生、失恋学生、突遭变故学生、少数民族学生。这些学生容易内向、自卑、敏感，心理承受能力较差，是安全事故的易发人群。要对这些学生的具体情况整理归档，并实时更新。应在平时多与他们进行交流、沟通，在日常生活中给予关心爱护。

最后，重点时期重点教育。第一，新生入学时的安全教育，使学生了解校园及周边治安环境和交通情况，提醒学生存在的安全隐患；积极组织学生学习学生手册，让学生了解校纪校规。第二，节假日期间应强调注意交通安全、遵守公共秩序、及时返校。第三，在学校发生突发事件后，应及时稳定学生情绪，明确告知事件的真实情况，防止以讹传讹，造成更大的恐慌。第四，当学生外出实习或找工作时，应提醒学生提高警惕，避免上当受骗陷入传销组织，等等。

2.学生情绪的稳定性

有些学生的情绪不稳定，承受不住压力，有些学生甚至会因为情绪低落而作出一些不理智的行为。这种情况在各大院校都有发生，因而辅导员要经常了解和观察学生的情绪，对有情绪的学生重点关注，了解其原因，耐心地教育和劝说，避免出现意外。此外，在班级里配备一名心理咨询师，并将所在班级的"心理委员""心理导师"的个人信息（学号、姓名、性别、班级、寝室、联系电话等）以及人员变动情况，提交给学生处的心理健康教育中心进行归档。每个班级的心理咨询师都要完成每个月的"心理监测表格"，填写的内容要真实、详尽，这样才能更准确地了解和掌握每个学生的心理状况，确保学校的教学工作能够顺利进行。

3. 在校的稳定性工作

许多学生都觉得大学生活太过无聊，而且学校实行的是开放式管理模式，导致了部分大学生的流失，有些人甚至因为坚持不下去而中途退学。为确保每个学生都能坚持上完大学，辅导员要了解在校生的流失状况，并定期开会，确保每个学生安心在学校学习。一些大学生在不知情的情况下，中途放弃学业，外出打工、旅游，不仅对自己的身体和心理造成了极大的影响，而且还加重了学校的负担。因此，辅导员要定期与班里的科任教师联系，了解有没有逃课的现象。一旦发现学生弃学，辅导员要及时与其家长沟通，使家庭、学校密切合作，协助学生完成大学的所有学业。个别学生因个人原因提出退学，辅导员要严肃对待，并与家长进行交流，以了解详情。只有做好学生的在校稳定工作，才能维持学校的正常秩序，推动学校的健康发展。

第三节　学生综合服务

一、大学生心理健康教育

教育部、卫生部、共青团中央联合印发了《关于进一步加强和改进大学生心理健康教育的意见》明确提出了加强和改善大学生心理健康教育的指导思想和建议。心理健康教育的本质就是将外部的教育需求转化为学生的精神品质。要达到这种转变，仅靠讲解、灌输等方法是远远不够的，只有让学生亲自参加，在活动中体会、体验、感悟，逐步形成心理定势，才能形成良好的心理素质。

在大学生中开展丰富多彩的心理健康教育活动，用一种喜闻乐见的方式，使大学生在活动中获得理解、体验和感悟，能够有效地帮助大学生进行自我整合，锻炼和提高他们的心理行为能力。

（一）开展心理普查，构建大学生的心理健康档案

高校开展大学生心理健康检查，能够快速、有效地发现大学生中存在的潜在心理问题，并对其特征、严重性进行评估。对于心理问题较严重的学生，要进行约谈、跟踪、控制及提供咨询帮助，及早进行干预，防止校园危机事件的

发生，维护大学生的心理健康。通过广泛的心理普查，了解大学生心理特点和类型，能够为开展学生工作提供科学的依据，有效提高工作效率，更好地为学生服务。建立完善的大学生心理档案可以为研究大学生心理规律、开展心理咨询和心理科研工作提供大量可靠的数据。

（二）开展心理健康教育宣传

高校可以开设心理健康的选修课或必修课，普及心理健康的基础知识，帮助大学生在理论知识上正确认识心理问题及心理健康的重要性。辅导员可以针对不同年级大学生的心理需求，邀请有关专家和学者为大学生举办具有针对性的讲座，通过互动交流为他们答疑解惑。辅导员还可以联合心理协会、朋辈中心、班级心理委员会，举办心理宣传月（周）活动，印发有关心理健康的报纸、宣传册，办心理网站，广泛宣传心理知识，提高大学生对自身心理问题的了解程度，让他们熟悉出现心理问题时的求助途径，以便他们及时寻求帮助。

（三）开展心理咨询服务

心理咨询的干预对象主要是大学生中的一般心理问题和发展性问题，需要由受过咨询心理学专门训练并通过心理咨询、谈话、启发、指导等方法，使其心理健康和生活品质得到改善。对于已经取得心理咨询师资格的辅导员，可以在学生中开展咨询工作。对于不具备资格的辅导员，应该将学生转送到精神辅导中心。如果有更多的问题，应移交校医院进行心理干预和治疗。

（四）心理危机干预

心理危机是个人在面对突发或重大的人生困境时所产生的一种精神不平衡。在高校，就业危机、学习危机、情感危机等是高校学生最普遍的问题。危机干预，即危机介入、危机管理、危机调解，是针对个人的心理危机，及时、有效地应对，提供支持和协助，以达到心理上的平衡。大学生心理危机干预的基本目的就是要使大学生从危机中走出来，重新建立起心理平衡，其最终目的是提升学生的危机处理能力，让他们变得更成熟。

二、大学生职业生涯指导

大学生的职业生涯指导，是针对个体的生理和心理特点，兼顾社会的需求，将其纳入职业发展的整体框架，并对其进行深入的自我探索和职业定位，以提高职业的决策和职业质量，使其在未来的职业生涯中实现人与职业的最佳融合，实现个人的全面发展。辅导员的作用是从意识、方法和信息三个层面对学生进行辅助和引导。

（一）培养大学生的职业规划意识

由于近年高等教育体制改革的深入和高校扩招，我国高校毕业生人数迅速增加，但就业增长速度较慢。这使高校毕业生面临的就业形势越来越严峻。在新生入学时，辅导员要培养学生的职业规划意识，在大一时，引导大学生适应并计划大学生活，对其进行职业生涯观念的教育，并培养其职业观念；在大二时，教育学生正确认识、塑造、完善自我，培养职业兴趣，建构合理的知识结构，提升综合素质；在大三时，让学生认识到目前的工作环境，并依据自身的社会需要和性格特征进行自己的职业规划，发挥特长，进一步发掘潜能、提高就业积极性；在大四时，则注重职业技能的培养、就业心理的调节、对大学生的社会适应性的引导、对大学生的个人成长与时代的需要相结合，引导大学生下基层，到国家最需要的岗位上工作。

（二）掌握职业生涯规划的方法和技巧

辅导员的工作既要帮助学生解决当前的就业问题，又要帮助他们掌握自己的专业发展问题。辅导员要组织学生参加社会实践活动，联合就业实践基地和校企合作，在实践中培养学生的学习、沟通、人际关系、团队合作、运用专业技术、领导和决策的能力。针对大学生求职能力不足的问题，提出相应的对策与方法，并与就业辅导课程、专业课程相结合，促进其发展。鼓励大学生多经历求职面试等过程，在此过程中提升和改善他们的求职技能。

（三）提供相关的知识和信息

信息是学生择业的前提，辅导员应做好这方面的信息提供工作，可以通过就业网、海报、布告栏、论坛、讲座、新闻发布会、小册子等形式向学生提供就业指导。

第四节　其他方面管理

一、网络行为管理

网络是一把双刃剑，一方面，给大学生创造了一个丰富多彩的网络环境，给他们的学习、生活带来了极大的方便。另一方面，过度和不良使用互联网导致网络成瘾，严重危害大学生的身心健康。因此，高校辅导员应加强对大学生网络行为的管理，并对其进行正确的利用，促进大学生理性、健康的上网行为。

（一）加强网络道德与法律教育

网络技术应用的底线是法律，辅导员要帮助大学生辨别网络社会中因主体的匿名性而造成的正当与不正当、有罪与无罪等问题，维护自己的合法权益。同时，要教育学生提升自身的道德修养，培养良好的社会责任感。这是网络行为管理中最牢固的、最深的支撑。

（二）加强网络行为与心理教育

要科学、合理、正当、安全、有效地利用网络进行教育、指导和规范。辅导员可以通过专家讲座、同学讨论等方式，对学生进行恰当的网络意识教育，使其对网络社会有一个正确的认知，科学合理地利用网络资源。在此基础上，加强网络的心理健康教育，防止网络的心理问题的出现。要让学生学会理性地控制上网时间，增强对网上不良信息的抵抗力，有心理问题的学生不能上网寻求安慰，要及时向心理医师咨询，一旦发现有心理问题，要及时进行治疗。

（三）鼓励正常人际交往

辅导员应鼓励大学生多开展正常的人际交往活动，发展大学生的兴趣爱好，正常地去体验人与人交往所获得的信任、理解和关怀，让大学生积极参与到集体活动中，在活动中获得知识，积极思考，提高技能，分散对网络的关注和依赖。

二、学生紧急事件

大学生突发事件是由自然、人为、社会、政治等因素引起的，突然在学校内爆发，并快速演变成规模较大的、以大学生为主、不受学校管理意愿影响、冲击或危害的事件。

在紧急事件发生后，辅导员要能依据有关的法律法规和校纪校规，收集保全证据，明确责任，及时、适当地处理，维护学校学生和有关方面的合法权利。

在紧急事件善后处理结束后，辅导员要及时总结经验、形成个案、进行讨论、吸取教训、加强对突发事件的预警和处置。

三、校园文化与学风建设

（一）校园文化

校园文化是学校教育目标、办学方针、精神、行为规范、形象的统称。大学校园文化由物质、制度、精神三个层次构成。大学校园文化的物质层次包括校容、教学手段、科研条件、教育服务设施等，构成了高校校园文化的物质载体和凝聚力；大学校园文化体制层次包括工作、学习、责任等方面的内容，是大学校园文化的中层，反映了学校的精神层面和物质层面对个人和团体的行为需求；大学校园文化的精神层次包括学校目标、教育思想、学校道德等，是学校文化的核心层次，是学校的基本信念、价值标准、道德风尚和精神面貌，是学校文化的核心和灵魂。

辅导员在大学生学习、生活、娱乐等各个方面要提倡符合校园文化的思想和行为，并限制与学校文化背道而驰的思想和行为，把学校所提倡的正面价值观转变为学生身上有形的、可被感知的人文素质。

同时，要积极营造崇尚科学、严谨、具有时代特色、具有学校特色的良好校园环境，引导大学生树立正确的价值观念，调节和规范大学生的行为。凝聚教师与学生的力量与精神，使学生养成优良的作风，树立崇高的理想。

辅导员还要抓好学生社团活动，通过开展社团活动来培养学生的情感、展示他们的个性、强化他们的集体意识、丰富他们的课外生活、提高他们的文化品位。

（二）学风建设

学风是全校师生心理素质的综合体现，是学生健康成长的良好环境。学风好坏，直接关系到他们在学习和工作中做人做事的态度。辅导员在新生入学教育时，可以邀请系内教授、系友与学生座谈，使学生能较早地认识到自己的职业发展，并能帮助他们建立一个明确的学习目标，培养他们的学习兴趣。如果学生确实不喜欢自己所选的专业，可以鼓励学生尝试申请转换专业。在学校的日常工作中，辅导员可以组织学生举办学习体验讲座、学习方式交流会，让他们更好地适应大学的生活。同时，辅导员要在考试中严明考试制度，对大学生进行诚信教育，对考试违纪行为一定要公正、严肃地进行处理。营造良好的学风，为大学生的健康成长创造有利的环境氛围，是辅导员义不容辞的责任。

第五章　高校辅导员工作考核的评估机制构建

第一节　高校辅导员工作绩效评估的方法和技术

一、高校辅导员工作绩效评估的方法和技术

（一）全方位绩效评价法

全方位绩效评价是指从高校辅导员的工作关系的各个层面，获得有关评价的信息，从而实现全方位、多维度的绩效评价。这些信息的来源包括上级的自上而下的评价、下级的自下而上的评价、同级同事的评价、部门内部的评价、学生的评价、辅导员的个人的评价等。图 5-1 为全方位绩效评价图。

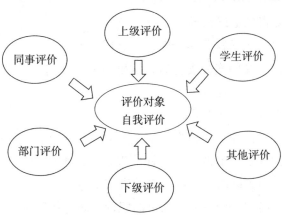

图 5-1　全方位绩效评价图

1. 全方位绩效评价的优点

（1）增强绩效评价的全面性和综合性。

全方位绩效评价通过多种途径、多视角获取评价信息，打破了以往的"一言九鼎"的传统评价模式，有效地克服"个人偏见""评价盲点""光环效应"等诸多弊端。通过多种评估方法的不同评估结果，可以提高辅导员的自觉性，提高其工作的自主性和自控力。高校辅导员在工作中的积极性越高，对组织的忠诚程度就越高。

（2）提高绩效评价的公正性和合理性。

在一些工作中，上级与下属相处的时间和机会较少，而下级之间相处的时间和机会相对更多。在此背景下，上级很难对下属作出客观、准确的业绩评估。反之，因为下属与下属的接触时间更长，有更多的交流机会，所以他们更了解对方。因此，下属之间的交流，才是最公平、最客观的。

（3）促进绩效评价的发展性。

将全方位绩效评估方法运用于高校辅导员的工作业绩评估，可以使辅导员团队的各个方面形成有效的互动，从而增强其内部组织与个体间的联系与交流。通过对他人的评价，辅导员能够更加准确地识别自身的长处和短处，并在自己的评价中，向优秀的单位和个人学习，互相借鉴，以促进自己未来的发展。全面参与到辅导员工作业绩评估中，可以使辅导员队伍和个人对绩效评估的标准、发展目标有一个全面的了解，推进辅导员队伍和个人可持续发展。

2. 全方位绩效评价法应注意的问题

（1）评估需要得到上级领导的支持。

全方位绩效评估法涵盖了学校内部所有层次的员工，也包括了学校的外部员工，所以在得到上级的充分支持后，学校内部的评估工作才能顺利进行，能够及时有效地处理各类问题。

（2）评估工作应以匿名方式进行。

在高校辅导员工作业绩评估中，应做到对下属进行保密，评估应采用匿名形式，并严格保护评估者的匿名权和评估报告的保密性。事实表明，在采用匿名评估方法时，人们更倾向于提供更多的真实信息。

（3）推行员工培训，提高考核人员的职责，防范作弊现象。

在对辅导员进行全方位评估后，每个辅导员都能够正确掌握评估准则，理解其发展目标，提高其评估技巧，增强其责任感，排除主观因素，最大限度地防止和杜绝评审中的欺诈行为，确保评审结果的公正和合理。

（二）目标管理评价法

1.目标管理评价法的含义

"目标管理"一词由美国著名管理学家彼得·德鲁克在其著作《管理实践》中提出。目标管理评价法是指通过确定目标、制定措施、分解目标、落实措施、安排进度等手段组织实施绩效评价的一种科学方法，其主要特点是以目标为导向，围绕着实现的目标制定相应的政策与措施，调动各方的积极性，从而促使各方积极地为实现自己的目标而采取一切能使每个人的热情最大化的措施。

目标管理评估方法的核心是制定目标。组织中的高层领导制定了组织的长远发展目标，并将其分解为各个层次，分别为组织、组织内各部门、各部门的领导和组织内的每个成员制定特定的工作目标。制定目标要遵循以下的标准，即所谓的 SMART 原则，具体要求如下。

S（Specific）：设定明确的目标。

M（Measurable）：可以通过诸如数量、质量和影响程度等指标来度量。

A（Attainable）：制定的目标要使每个人都可以接受。这就意味着制定的目标不能太高，让大部分的组织成员自己去做；制定的目标也不能太低，要让上级都能接受，这样才能促进组织的可持续发展。

R（Relevant）：制定的目标应当与组织的发展和个人的发展紧密相连。

T（Time-bound）：这个目标必须有一个明确的时限，即预期会在那个时候产生相应的效果。

2.目标管理评价法的优势

目标管理评价是评价工作业绩的一种有效方法，已被广泛地运用于高校辅导员的绩效评估中。它的主要优点如下。

（1）目标清晰，有助于激发所有人的热情。

目标管理评估方法可以让辅导员清楚地了解组织的总体目标、组织结构、分工和协作、组织的具体工作，从而指导他们将自己的时间和精力投入组织目标的实现中。实践表明，在特定的、富有挑战性的目标下，辅导员在达到目标后得到奖励时，其效果尤为显著。

（2）提高工作效率，促进高校辅导员工作的全面发展。

目标管理评价方法在推进高校辅导员队伍建设、确保组织目标的最终实现方面起到了很好的促进作用。由于目标管理评估是一种成果性评估，因此它会促使高校辅导员队伍的各个层面、各个部门和每一位成员都要先思考如何达到目标，再去争取实现这些目标。在实现了各层次、各部门和各成员的目标后，辅导员队伍的总体目标就会达到，而辅导员组织也会随之发展。

（3）有效调控，有利于营造和谐环境。

目标管理评估方法自身具有调节作用，其目标是由上级和下属共同商议、相互协商后设定的。因此，它可以促进辅导员队伍的良好交流，也可以促进上下级的互动，从而达到双赢的效果。同时，在确定了总体目标和分解目标之后，组织的上层不再是消极等待，而是要控制成果，定期对照，及时纠正工作中的错误。

（三）关键绩效指标评价法

1.关键绩效指标评估方法的概念

将关键绩效指标评估方法运用于高校辅导员的工作业绩评估，是指在制定辅导员工作业绩考核指标时，并没有事无巨细地将其纳入考核范围，而是要从实际出发，选择与目标紧密相关的关键工作内容，这样才能突出高校辅导员工作的重点和方向，才能更好地发挥其在组织目标中的促进和引导作用。

作为一种绩效评价的方法和技术，本课题通过对高校辅导员队伍关键绩效指标的研究，对其内涵进行了全面的分析。

第一个方面，关键的绩效指标是可以被量化的，也是可以被显示的，即作为一个标准化的指标，其核心指标应具有可量化性和可操作性，若不能满足这个条件，则将被视为不合格的关键绩效指标。

第二个方面，关键绩效指标是在组织战略目标达成过程中发挥重要作用的表现指标。它是组织个人业绩和组织战略目标之间的纽带，是组织内部员工之间进行业绩交流的基础。

在高校辅导员工作绩效评估中，国内外学者对此做了较系统的论述。例如，何立群在其博士论文《HT 高校辅导员绩效管理体系设计》中运用了一种关键绩效指标的评价方法，即"重要的资助工作表现指标"（表 5-1）、"年级工作的主要业绩指标"（表 5-2）。

当然，这些关键的业绩指标并非一成不变，而是会因不同的学校特点、不同的工作重点而进行灵活的选择和调整。

表5-1　重要的资助工作表现指标（资助工资赋值80分）

指标	满分	考查内容	绩效等级		
			优 8～10分	中 5～7分	差 4分以下
任务完成效率	10分	各项奖学金评选，上交贷款材料，及时申报特困补助，各项贫困材料申报及时			
制度完整性	10分	奖学金、特困补助等评选制度规范、合理，结合院（系）特点			
贫困生受助比例	20分	有多少贫困生获得奖学金以外的资助，覆盖比例（百分数再乘以2即最终要打的分数,如70%,打14分）			
程序的规范性	10分	程序是否符合要求			
助学贷款到期催还率	10分	催还了多少百分比就打多少分			
贫困生信息完整率	20分	网上信息完成百分比（百分数再乘以2即是最终要打的分数，如70%，打14分）			

表5-2　年级工作关键绩效指标（年级工作赋值80分）

指标	满分	考查内容	绩效等级	具体打分
教师资格证一次性通过率	10分	三年级中期的教师资格证通过是否达到85%	达到了，10分	
			没有达到，0分	
优良学风班比例	20分	年级优良学风班占总班级数的比例	达到20%，20分	
			没有达到20%，0分	
与学生谈话完成率	20分	与年级所有学生谈话的完成情况	完成了百分之多少打多少分比例，百分数再乘以2即是最终要打的分数	

续 表

指标	满分	考查内容	绩效等级	具体打分
学籍异动情况	10 分	学生因为学习原因降级和退学的人数	人数为 0，10 分	
			人数为 1 级，5 分	
			人数达到和超过 2 级，0 分	
考试舞弊情况	10 分	考试舞弊被处分的人数	人数为 0 级，10 分	
			人数为 1 级，5 分	
			人数达到和超过 2 级，0 分	
突发事件处理	10 分	及时迅速地处理学生重大突发事件	全部及时迅速处理，10 分	
			没及时迅速处理的事件达到 2 件，5 分	
			没及时迅速处理的事件达到 4 件及以上，0 分	

2. 关键绩效指标评估法优势

与其他评估方法相比，关键绩效指标评估法具有自身的优势，主要包括以下几点。

（1）关键绩效指标评估法中的评估指标是关键。

在制定关键绩效指标体系时，要按照二八原理构建关键绩效指标体系，从诸多指标中选出最重要的指标，这样既能掌握关键指标，又能在工作中更好地进行自我管理。

（2）关键绩效指标评估法的评估指标是动态的。

高校辅导员的关键业绩指标是随着高校管理水平的改变和实际情况的变化而产生的。如果一份工作在经过了艰苦的努力后，没有了提升的余地，那么，就不会把它当作一个重要的绩效指标对其进行评价，因而不能将其作为一项关键的绩效指标。新的评价将集中于其他一些较弱但仍然有增长潜力的指标。高校辅导员工作的核心绩效评价体系也要相应地进行调整。

关键绩效指标评估法是一种比较先进的绩效评估方法，但在实践中要注意以下几个问题。

第一，在不同的辅导员职位中，应当设置不同的关键业绩指标。辅导员由于工作的岗位不同，在制定关键绩效指标时，要把工作的内容与重点区别开来。一般而言，学校的校级领导要对学校的发展战略目标负有责任，中层领导（如二级学院的学生工作科长）则要保证辅导员队伍的正常和高效运转，而辅导员的工作重点则是完成自己所担负的各项任务。

第二，建立大学生就业指导工作的关键业绩指标，要符合高校辅导员职业发展的要求。

在确定了关键绩效指标后，要维持稳定，不要随便改变，不然，整体绩效指标系统的运行就会丧失连续性和可比性。一般来说，一套合理的关键绩效指标评估系统应当在一年内维持不变。然而，由于学校自身的阶段性目标、工作重心发生了变化，原有的关键绩效指标也发生了相应的变化。因此，关键绩效指标具有阶段性、可变性和权值可变性。如果关键绩效指标偏离了高校辅导员的发展目标，那么其引导的辅导员队伍和个体就会偏离其工作的方向。关键绩效指标与工作实际不符，是造成绩效考核流于形式的主要原因之一。

第三，在运用关键绩效指标评估方法后，要注意交流过程的重要性。在实践中，许多辅导员都不赞成进行绩效考核，他们把其看作是对自己工作的一种制约与处罚；部分中层领导直接将考核结果与奖励、惩罚相结合，忽视了考核的其他作用。这与创建关键绩效评估方法的初衷背道而驰，要改变现状，首先要进行交流。管理者在工作中要经常与下属进行交流，持续指导和协助，并将其工作的资料或事实根据反馈给下属，使其清楚地了解上一次评估期的工作中存在的问题和未来的改善，以确保目标的连贯性。

（四）平衡计分卡评价法

平衡计分卡技术以组织的战略为基础，并将各种衡量方法整合为一个有机的整体，它既包含了财务指标，又通过顾客满意度、内部流程、组织发展的业务指标，来补充说明财务指标，这些业务指标是组织财务指标的驱动因素。这样，就使组织在追求财务指标的同时，密切关注那些能使组织提高竞争力并获得未来增长潜力的无形资产等方面的发展。平衡计分卡的基本结构如图5-2所示。

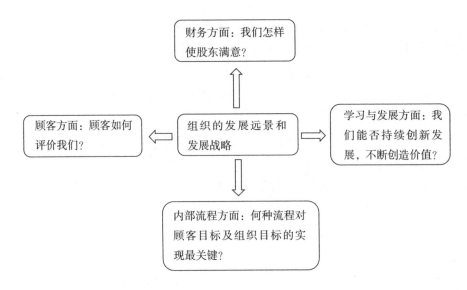

图 5-2　平衡计分卡的基本结构

在此基础上，运用平衡计分卡技术对高校辅导员的工作进行了评估，其基本原理可以用组织结构图表现出来，如图 5-3 所示。

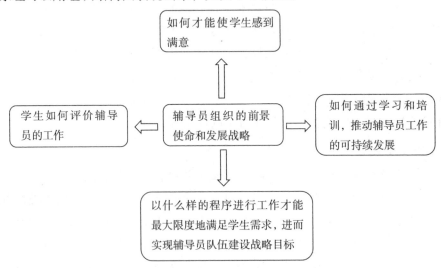

图 5-3　平衡计分卡在高校辅导员工作业绩评估中的应用

通过图 5-3 我们可以看到，平衡计分卡是一个基于因果关系的综合评估系统，其核心是高校辅导员的发展前景和发展策略。该方法既注重辅导员的物质投入、辅导员的政策环境等因素，又从学生满意度、学生潜能发掘和能力提高、辅导员工作的进程等几个角度对辅导员进行全面的评估。

二、非系统化的高校辅导员工作业绩评估的方法和技术

在绩效评估中，有许多非系统化的方法与技术，分为直接的和间接的两类。在工作中，直接评价方法更适合工作的可视化和事件感知，如工作结果、工作行为；在工作态度、工作能力等方面，适合采取间接评估法。前者具有较强的客观性和精确性，但不能精确地反映工作潜力，而后者恰恰相反。在实践中，这两种方法和技术经常被结合起来，以便将它们的优点最大化。

（一）书面评估法

书面评估法也叫报告法，是一种以书面方式对高校辅导员的工作进行总结和评估的方法。该方法一般适合高校辅导员机构和个体进行自我评估，但不能进行过多的评估。

书面评估法是指由各单位或个人通过书面形式，对这一时期的工作和问题进行全面的总结，并对此提出建设性的意见和建议。这是一种更好的自我评价方式，它是通过对工作结果、行为和态度的总结，使被评价者能够主动地反思和评价自己的工作状况。

在实际操作中，一般采用书面评估方法，由受试者填写自己的评估表格（表5-3），根据工作要求和工作责任，填写自己的工作状况和对未来的憧憬，分析工作中的重大成就和错误，以便提高工作效率。

表5-3 高校辅导员工作自我评价表（样例）

单位		姓名		职务	
工作总结： 签字： 年 月 日					
自我评价： 					
	优秀	良好	一般	较差	
工作成果					
工作能力					
工作态度					
工作评价： 签字： 年 月 日					
备注： 					

　　虽然目前普遍采用书面评估方法，但是它也有不足之处：其一，要对辅导员队伍或个人进行全面、系统的总结，需要花费大量时间，而且评估的效果往往会受其写作技巧和表现方式的影响，难以准确、客观地反映辅导员的工作状况；其二，考核方式太过主观，有时会导致书面总结的焦点偏离了考核的重点，从而影响了评估的客观效果。书面评估通常和其他评估方法结合起来，它的优点是能够提供一些其他评估方法无法提供的描述信息。

（二）排序评估法

排序评估法也称为排序法，是一种较为简单、易于实现的综合比较技术。它是指在一定的范围内，以特定的评估指标为依据，从最佳到最差的成绩，对学校的辅导员机构或个人进行绩效评估。目前，大部分的业绩评估方法与技术都是以得分来表示目标的工作表现，而排序评估法则是将被评估对象的工作表现作为衡量指标。评估对象的表现与其他机构或个体的表现相比较，并按一定的次序排列。也就是说，排序评估的目的是比较，而非打分。排序方法有很多种，如简单排序、交错排序、强制分配等。

1. 简单排序法

简单排序法是根据受评者的工作绩效由好到差进行排序。简单排序的重点在于选择一种排序指数，该指数的选取是辅导员工作的一个行为规范和努力方向。该方法使评估对象互相对照，具有目标明确、操作简便、易于理解和执行的特点。这个方法最大的问题是在评估目标业绩相近的情况下，很难作出精确的排序。

2. 交错排序法

交错排序法是一种进化的方法，也称为选择排序方法。交错排序法是一种利用了人们很容易找到最佳和最坏两种情况的心理，即从被评估的对象中挑选出最优秀的机构或个人，再从最差的机构或个人中挑选出排名最靠后的；然后，在剩下的机构或个人中，选出最好的和最坏的，把他们排在了第二位和最后一位。以此类推，直至完成所有的工作。交错排序法是一种适合具有同一性质的辅导员机构或个体进行评估的方法与技术。该方法具有快速的特点，但只局限于同一岗位，且评估目标的数目不能太大。

3. 强制分配法

强制分配法是一种将评估目标按一定比例分配到特定类别的评估方法，可以设定为优秀、良好、一般、较差、最差 5 个等级。评估是按照一定的比例进行的，根据工作表现，将每一个被评估的人都列为一定的级别。该方法简单，可以避免评估者评估过宽或评估过严产生的偏差，对高校辅导员的管理与控制具有重要意义。这种方式可以起到强制性的激励作用。当然，也有一个很大的缺陷，那就是如果一所大学的辅导员都是很出色的话，强行进行分级就会引发其他问题。

（三）配对比较法

配对比较法也称为——比较法，是将各评估对象——对应进行比较，而非一般地将其分类。它的基本方法是以工作态度、工作能力等各项评估指标与其他评估对象进行对比，并以匹配的方式确定其业绩排名。假定5位辅导员的工作表现必须被评估，则在使用配对比较法时，应该先制订一张比较表，如表5-4，以说明要评估的所有辅导员和工作指标。然后，将各辅导员按照不同的评估指标进行匹配、对比，分别以"+""-"进行评分。

表5-4　配对比较法（样例）

工作态度						工作能力				
被评价者姓名						被评价者姓名				
比较对象	李某	王某	孙某	陈某	吴某	比较对象	李某	王某	孙某	陈某	吴某
李某		+	-	+	-	李某		-	-	-	-
王某	-		-	-	+	王某	+		-	+	-
孙某	-	-		+	-	孙某	+	-		-	+
陈某	+	+	-		+	陈某	+	+	+		-
吴某	+	+	+	+		吴某	-	-	-	+	
合计	2-2+	3+1-	3-1+	3+1-	2-2+	合计	3+1-	3-1+	3-1+	2-2+	3-1+

在完成了全部辅导员的对比之后，对各个辅导员的各项指标进行对比，结果显示："+"数量越多，则表现得越好；"-"数量越多，表现评估结果越糟糕。最终，将所有被评估的人按照先后次序排列。

配对比较法的优点在于将评估对象逐一比较，从而使其排序更为可靠。然而，该方法只适合少数人进行评估，而且操作起来也很烦琐。此外，这种评估方式只能将评估对象排序，并不能体现出不同层次的差异，更无法体现其工作能力和工作态度。

第二节　高校辅导员工作绩效考评的效果评估及其在实践中的运用

一、对高校辅导员工作绩效评估的反馈

高校辅导员工作评估的结果反馈是评估人员与被评估者的交流，对受评者在评估期间的表现进行反馈，确认其成果，发现其缺陷，并进行改善。

（一）绩效评估结果反馈的原则

高校辅导员工作业绩考核的结果反馈，直接关系到辅导员工作绩效评估的效果和激励、发展功能。作为绩效考核结果反馈的执行者，各级领导在反馈工作中要遵循以下几点。

1. 反馈的时机要科学

高校辅导员工作业绩考核的结果要及时、迅速地反馈。在发现问题之初，给予良好的提示，可以让辅导员更乐于接受，而当评估完成后，再对问题进行批判，则会导致辅导员产生"为何不早说"的反感与抗拒。

完成业绩评估结果的反馈时间也是非常关键的。在完成了对高校辅导员工作业绩考核的任务后，应当及时反馈，避免耽误。在一些案例中，如果不能充分实现业绩评估的目标，就必须暂停。比如，到了下班的时候，双方在某个特定的问题上产生了分歧，导致双方产生信任问题；被反馈的人看起来很不耐烦，没有专注。如果是这样的话，通常要另约一个时间来进行。

2. 反馈的目的要一致

高校辅导员的工作评价要想取得理想的效果，就必须和辅导员进行有效的沟通。在反馈开始时，主管业绩评估的负责人必须清楚地阐明反馈的目标，并让另一方从一开始就明白反馈的目标，这样才能让他们在目标上达成一致。

尽管反馈过程更多的是对以往工作表现的回顾与评估，但是对于以往业绩的任何回馈与探讨，都应该着眼于将来，因为最终的目标是追求可持续发展。高校辅导员工作业绩考核结果的反馈并非为了"盖棺论定"，而是为了改善辅导员机构和个体的工作质量。针对绩效评估结果中出现的问题，应由双方共同

探讨问题的成因，并根据正确的归因对症下药，实施绩效改善方案。

3. 反馈的氛围要和谐

高校辅导员的工作业绩考核结果与其奖罚相结合，再加上两者是从属关系，必然导致其心理防备、抵触甚至抗拒。因此，建立并维护相互间的互信关系，创造一个良好的反馈环境是非常必要的。在此基础上，管理者应鼓励辅导员多讲话、多发表意见，并积极听取辅导员的意见。同时，管理者要让辅导员意识到，绩效评估并不是找问题，而是要帮助其发现自己过去工作中的缺点和不足，从而为以后的工作做好准备。

因为在业绩考核结果的反馈中会有意见分歧，所以双方产生分歧是很常见的。在这个时候，管理者应该尽可能地避免与辅导员发生激烈的冲突。正确的方法是对辅导员讲道理和事实，要从辅导员的立场上多思考，把自己代入辅导员的角色；要敢于认错，争取辅导员的理解与信任，达到共赢的效果。

4. 反馈的内容要具体

高校辅导员工作业绩考核的结果反馈要有针对性，不能太抽象、太笼统。对上级领导而言，无论是表扬或批评，都要有具体的、客观的理由。当辅导员对结果反馈不满意时，应根据实际情况，对其进行投诉或说明。只有如此，绩效评估的反馈才能起到作用。

此外，高校辅导员工作业绩评估的结果反馈与工作绩效有关，反映了其工作的实际情况，尽量避免涉及其个人的隐私。因此，绩效评估的反馈要以"事"为起点、以"事"为中心、以"事"为归宿。

（二）绩效评价结果反馈的具体实施

高校辅导员工作绩效考评要围绕上一年的工作进行，其主要内容包括以下几方面。

1. 说明反馈的目的

在对高校辅导员工作考评进行反馈前，务必明确此次反馈的主要目的，以免引起不必要的误会。总体而言，绩效评估结果反馈旨在让辅导员机构或个人了解其在此绩效评估期间的工作表现是否符合所设定的指标，以及其行为态度是否符合规定，尽量让评估各方都同意其成果。在此基础上，针对存在的问题和不足，提出改进措施，为下一步的绩效考核工作提供参考。

2.通知评估的结果

高校辅导员工作绩效评估的核心在于把评估结果告知被评估对象，其主要内容包括工作表现、工作行为等。绩效评估工作的全面完成是领导在进行反馈时最主要的工作，并将绩效评估的结果及时反馈到辅导员机构和个人。在进行反馈时，领导应向另一方通报其工作表现，给予适当的赞扬，并指出其工作中有待提高的地方。管理者在对工作绩效进行反馈的同时，也要注意其工作态度、工作能力等方面的反馈。评估对象在工作中所做的努力和所显示的潜能，管理者应给予正面的鼓励与肯定。注重辅导员的工作态度和工作能力，对辅导员的自我素质和工作能力的培养具有重要的指导意义。

3.听取评估人员的报告

高校辅导员工作业绩评估的反馈是一种双向交流，管理者应鼓励辅导员多发表意见，并给予辅导员足够的时间就评估结果发表自己的观点和看法。在对评估对象进行述职时，要注重听取，从评估对象的角度出发，使评估对象能够坦诚地表达自己的观点，以达到减少矛盾的目的，实现双赢。

4.建议改善措施

在对绩效评估结果进行反馈和评估对象的自我评估后，双方都对评估结果中存在的问题和缺陷有了较大的共识。在此，要通过双方的交流与探讨，找到问题所在，并提出相应的改善办法。如果仅仅是由管理者提出改善措施，评估目标就会很难被接受。尽管管理者的建议是好的，但是要让辅导员信任、认同才能起到作用。这就需要管理者在评估结果的反馈中与评估对象进行认真的探讨，并尽量使其相信自己合理的改善方案。对于评估目标的更有效方法，管理者要虚心听取，积极吸纳，从而使改进措施更合理、完善。

5.制定新的目标

高校辅导员的工作业绩评估是一种动态的、持续的过程，每个业绩评估周期的最后，都是另一个评估周期的开端。因此，评估工作管理者应将此阶段结合前一业绩周期的规划与评估对象的新工作任务相结合，与评估对象进行协商，并建议下一年度的工作目标，即协助各单位或个人制订新的业绩方案。

6.结束反馈面谈

在确定了新的目标后，业绩评估的反馈就进入最终阶段，也就是双方在最终的反馈意见上取得一致，并为下一阶段的工作提出新的目标，意味着反馈面谈结束。在此期间，管理者要对回访进行简短的总结，并以一种正面的态度来完成。同时，对此次反馈访谈所涉及的各类材料进行认真的整理和归档，形成一份汇总报告，上报上级主管，为其最终应用提供丰富的数据。

二、高校辅导员工作绩效考评结果在实践中的运用

高校辅导员工作绩效考评结果在实践中的运用，是高校辅导员工作绩效考评的最终环节，是高校辅导员工作自身价值的重要组成部分，是促进高校辅导员工作可持续发展的重要环节。

（一）绩效评价结果应用的原则

在完成了对高校辅导员工作业绩考核后，再由上级主管机关对其进行应用，从而达到其自身和社会发展的目的。执行绩效评价结果时，必须遵守以下基本准则。

1. 保障辅导员个体发展需求

高校辅导员工作业绩评价的根本目的在于调动辅导员的工作积极性，促进辅导员个体的发展，从而促进辅导员整体的健康发展。针对辅导员工作绩效考评中存在的问题，管理者不仅不能进行责骂、处罚，而且要本着有利于个人发展、有利于其职业发展的态度，真诚地采用能被辅导员所接受的方法，让其认识到自身的不足之处，进而分析问题的根源，制订出具体的改善方案，提高个人的发展水平。

2. 促进辅导员的组织和个体的发展

辅导员个人的成长是高校辅导员自身发展的必然要求。然而，高校辅导员作为一个整体组织不能单方面地要求其调整自身的行为、价值观等以适应社会需求，而应积极参与制订和管理辅导员的个人发展，并将其融入组织的管理中，促进其自身的发展。

因此，上级主管机关在评估高校辅导员工作业绩时，应把其个人业绩与其所属单位的业绩有机地结合起来，以防止其个人的英雄主义，强化其团队精神和整体精神，让其认识到，个人的业绩与组织的业绩密切相关，并将其自身的发展与组织的发展紧密地联系在一起，认识到个人的目的与组织的目的是不可分割的，只有为组织的目标作出贡献，才能促进个人的发展。而高校辅导员个

性发展又是其自身发展的根本，没有个性，就无法形成共同的特点；没有辅导员自身的发展与进步，就无法实现其自身的成长与发展，也就无法实现其培养与发展的战略目标。因此，对高校辅导员组织与个体的评估，都不能孤立进行，只有把两者的共同目的有机地统一起来，才能达到共同的发展。

3. 为高校辅导员队伍建设提供科学依据

高校和上级机关通过对公正、客观和有效的高校辅导员工作绩效评价结果的合理使用，开展培养、调整、薪酬发放、职务晋升和职称评聘等工作，以强化其职责和行为，推动学校的人事工作，强化对其选聘、留用、培训、考核、晋升、奖惩等方面的政策导向，并建立健全竞争、激励和淘汰机制。

（二）业绩评估结果的特定运用

1. 具体落实绩效改进措施

在对高校辅导员工作业绩考核结果进行反馈的过程中，管理者根据评估对象的问题进行分析，并给出改进的方法。与绩效评估有关的工作流程，也就是如何落实业绩改善的过程。

高校辅导员工作业绩评估工作完成后，管理者应当留出一定的时间来引导和协助评价目标执行和评价绩效改进计划。以评促改、以评促建、评建结合、重建设为核心的评改方针，是考核全过程中的一个重要环节。当然，在此期间，并非所有的业绩改善目标都可以得到实现。针对短期内不能实现的业绩改善目标，必须将其纳入下一阶段，并在下一阶段进行评估。要提高辅导员的业绩，必须把握好下列要点。

（1）要尽量增加辅导员接受绩效改善的比率。

所谓的吸纳比率，是指高校辅导员在多大程度上认同、接受和运用这些措施。接受并不仅仅是点头答应，或者签署业绩报告单，而是要让辅导员真正地接受，并且改变他们的态度和行为。高校辅导员在实施绩效改善过程中，经历了由不完全信赖到局部信任，再到完全接纳、最终运用的心理适应过程。因此，在绩效改善的过程中，最应该注意的是提高辅导员的接受度和认可度。这是沟通当前业绩成果与新业绩指标的纽带。

（2）营造良好的业绩环境。

高校辅导员要在一个良好的环境中工作，以激励他们提高自己的业绩。而要营造这种氛围，关键在于受理者的行为。

管理者应当将自身的业绩改善作为整个组织业绩改善的一个重要内容，在要求辅导员完成的时候，他必须先完成；在要求辅导员提高的时候，自己要先做好榜样。这样才能帮助辅导员建立信心，通过相互支持与合作，实现绩效改善目标。

（3）给予辅导员应有的奖惩。

仅对辅导员进行行业绩评估，而忽视对其绩效改善的关注，那么，高校辅导员的工作热情也会随之消失。高校辅导员单位或个人在得知绩效改善后会得到相应的奖赏，会积极地采取相应的改进措施。奖励的形式有物质奖励和精神奖励，如奖金、口头表扬、更多的自由和委派。相反，如果不能很好地执行改善措施，就必须予以处罚。

2.将考评成果与奖惩结合起来

目前，在我国的很多高校中，还在实行"奖罚型"的业绩考核。在理论上，奖罚型业绩考核体系具有一定的可行性和可操作性。只有在绩效考核中，对踏实工作、成绩突出的辅导员给予物质、心理上的嘉奖，对不负责任、表现不佳的辅导员进行处罚，才能真正地激励各单位向优秀辅导员学习，避免不负责任的行为蔓延。当然，这样的处罚并不代表不能犯错误，无论谁犯了错误，都要受到惩罚。其实，对于有上进心的人而言，失败是成功之母。很多优秀的辅导员都不是有意犯错，而是因为他们勇于创新，勇于实践，不断地犯错，不断地实践，不断地学习，不断地进步。因此，在对待辅导员的时候要有所差别，对于工作平庸、没有上进心的辅导员，要给予一定的警告和惩罚。

在实践中，我国高校辅导员工作绩效考核体系的实施情况并不尽如人意。在此基础上，笔者提出了在实行奖罚型业绩考核体系时应注意的两个方面的问题。

（1）不要把高校等同于企业。

从总体上看，我国高校辅导员工作绩效评估的理论和实践落后于企业的人力资源管理理论和实践，而且始终受其理论和实践的制约。很多企业的人力资源理论和实践都被成功地应用于其他企业，并且在高校的人力资源管理中也获得了很好的应用。因此，有些人误以为，在企业中取得成功的人力资源管理理论与方法对高校也同样适用。高校与公司在本质上是两种不同的社会机构，两者有很大的区别。尽管有些管理理论与方法既适合企业，也适合高校，但在借鉴或移植到高校时，许多理论与方法都要适应高校自身的特点和实际，不能一味地照搬。比如，"末位淘汰法"是一种很好的管理方式，但是如果把它推广到高校辅导员的工作绩效评估中，就会出现一些问题。

（2）奖惩制度的执行要做到公正、合理。

公正合理的奖惩制度，应以客观、真实、有效的考核结果为依据。高校辅导员工作业绩考核无论采用什么方法或技术手段，都必须做到真正、有效，克服上级意志，杜绝"暗箱"。在实践中，一些高校实行的奖惩型高校辅导员工作绩效考评体系已丧失了其应有的价值，如"排队先进、轮流得奖""领导决策""暗箱操作"等。要改变这一现状，就需要强化制度建设，建立科学合理的奖罚型业绩考核体系，并逐步完善奖惩机制。在此基础上，要使辅导员意识到，实施业绩考核不仅是对其进行奖惩，更是从其前途出发，从长远的角度考虑辅导员工作的可持续发展。

3.把工作考核结果与辅导员的职业发展相结合

在高校辅导员的工作中，辅导员的绩效考核结果与其自身发展相结合，有利于促进其自身发展和组织发展。

对于辅导员，上级主管机关要协助其根据自身状况制订职业生涯发展计划，并定期与其讨论、修正，以确保其职业生涯的健康发展。比如，根据考核结果进行岗位轮换，实现人才的充分利用，从而有效地调动辅导员的工作热情，充分发挥辅导员的工作潜力。相反，如果上级主管机关不重视其职业生涯发展，没有为其提供合适的发展平台，没有建立与之相适应的激励机制，使其按照绩效和贡献正常晋升，则会使他们的工作热情受到打击，工作表现和工作效率受到影响，最终对他们的长期发展产生影响。

对高校辅导员工作绩效进行评价，可为其合理配置工作提供科学依据。岗位配置包括晋升、岗位轮换和淘汰。在对辅导员的工作进行评估时，不仅要根据对其以往的工作表现来评价他们的业绩，还要评价他们的工作能力，以确定其潜力。对表现突出、有较大发展空间的辅导员，可以给予他们一个更广阔的舞台，发挥他们的才华，并使其获得更大的成就；对于表现欠佳的辅导员，要对其表现欠佳的原因进行认真的剖析。当辅导员的个人素质和能力不符合当前的工作环境时，可以考虑调任，以便其在合适的岗位上发挥自己的长处，作出新的贡献。如果辅导员本人工作不努力、消极怠工，或者有违背职业道德和法规的情况，可以选择解聘。

通过对学生的综合素质评估，可以为高校辅导员的综合素质培养提供参考。在辅导员工作表现不佳时，要对其进行原因分析，如果他们只是缺少必要的技能和知识，那么就需要进行相应的训练。因此，对高校辅导员的工作业绩进行评估，既能反映出辅导员自身的工作业绩，又能让辅导员通过绩效评估来了解学生目前的工作表现与预期之间的差异，从而发现问题所在，为学生制订相应的工作改进方案和职业发展规划。

第三节　高校辅导员工作绩效评估机制的构建

一、增强认识，夯实长效机制的思想根基

不断提高对高校辅导员工作绩效评价长效机制建设重要性和必要性的认识，增强高校辅导员工作绩效评价的主动性和积极性，是高校辅导员工作绩效评价长效机制建设的重要思想基础。

（一）要从思想上认真对待

1. 加强宣传和团结

高校和高等教育主管部门要切实加强思想意识，并不断深化思想认识，切实把高校辅导员工作绩效考评长效机制放在高校德育工作的战略地位，将其列为高校辅导员队伍建设中的一项紧迫任务，并将其列入工作日程，不断加强。这既是在思想认识上重视长效机制的重要表现，又是德育工作的重要依据。

2. 着眼于未来，立足长远

高等教育是为了培养未来中国特色社会主义事业合格的建设者和可靠的接班人而设立的。因此，高校德育工作必须立足现实、面向未来。高校辅导员的工作业绩评估也要着眼于长期的发展。此外，建立高校辅导员工作业绩考核的长效机制并非一成不变、一劳永逸，它既无法解决现有的各种矛盾和问题，也无法预见未来的各种矛盾和问题。高校辅导员工作业绩考核长效机制的建立，旨在通过对大学生思想政治教育工作的全面认识，促进大学生思想政治教育工

作的全面深入和完善。

（二）在认识上继续加深

一是要将高校辅导员工作绩效考核的长效机制作为一个重要内容来构建，并将其纳入高校的整体发展中，但也不能让他们孤立地、封闭地进行自我建设、自我发展。

二是要建立健全高校辅导员绩效考评长效机制，以推动高校综合素质的提高。

"高校辅导员是大学生思想政治工作的重要组成部分，是大学生思想政治工作的组织者、实施者和指导者。"高校辅导员工作的可持续发展必将对高校快速、持续、稳定的发展起到积极的促进作用。

三是要建立健全高校辅导员工作业绩考核长效机制，将其作为培养优秀辅导员的一项重要工作。要把高校辅导员的个体发展和整个高等教育的发展目标结合起来，从根本上加强辅导员的综合素质。只有建立一支高质量的辅导员队伍，才能确保其可持续发展。

（三）思想上要紧跟时代步伐

一是要清楚。建立长效机制不是一蹴而就的，不能操之过急，要根据实际情况和今后的发展，制订周详的长期计划。

二是要明确。长效机制不是一成不变的，它是一个动态稳定的过程。高校辅导员工作业绩评估要与时俱进，用发展的眼光积极探索长效机制建设的新方法和新途径，拓宽长效机制改革的渠道和视野。

三是要不断研究新形势、新策略、新问题，要有新的思维，不断完善相关的制度，切实增强高校辅导员工作的实效性。

二、注重人才培养，建立高质量的业绩考核队伍

建立高校辅导员工作业绩考核的长效机制，是一个关系高校辅导员队伍可持续发展的复杂问题。

因此，各地方教育主管部门和高校都十分重视评估人员的选拔。在实际工作中，只有少数几个独立的机构和专业的工作人员能够完成对高校辅导员工作的评估，大多数是由有关单位、学校的临时工作人员进行评估。虽然被抽调的大部分是各部门、学校的中坚力量，但是由于缺乏专业的培训，他们的理论水

平、谈话技巧、业务知识的掌握等基础素质和技能都不能很好地满足评估工作的要求。因此，重视人才培养和努力建设一支高质量的业绩考核队伍就显得尤为重要。

（一）评估人员对评估结果的客观公正

高校辅导员工作绩效评估是一门专业的学科，它的评价方法包括评价方法的选取和使用、信息收集、结果反馈、报告撰写、绩效改进等。

在绩效评估中，评估对象的思想道德素质、知识素质、能力素质、信誉度、信誉度等都具有很大的作用。一个可信任的评估人员必须做到公正、客观、坦率、熟练地掌握和应用评估理论与评估技巧。在评估工作中遇到问题时，可以及时解决问题，化解矛盾，确保评估工作的顺利进行。在实施绩效评估时，如果政策水平不高，责任心不强，缺乏相应的知识，在实施考核时，难免会遭到评估对象的埋怨，从而影响其工作的客观公正。通过对高校辅导员工作业绩评估的分析可以看出，有的辅导员由于对辅导员工作的基本知识、工作性质、工作特点等知之甚少，在制订工作方案时经常出错，在实施考核过程中顾此失彼，造成了很大的偏差，致使辅导员工作绩效评估的预期效果与实际效果、辅导员工作实际表现与绩效考核结果不相符。这势必会极大地打击辅导员的工作积极性，削弱其对评估工作的认同，进而为今后的评估工作增加障碍。

在高校辅导员工作业绩评估中，尤其是在与考核目标的奖惩相结合的情况下，很多人都会把重点放在业绩考核上，甚至担心评估人员缺乏专业的评估理论与技巧，造成评估结果的虚假，造成对自身的不公平和误解。例如，评估的人是谁？他们知道辅导员的工作吗？他们有没有专业的业绩评估的理论与技巧？他们是否可靠？这就要求高质量的业绩评估团队给予专业的答案。

高校辅导员业绩评估工作在理论和技术上都有其特殊性。为保证高校辅导员工作业绩评估的客观性和公正性，评估人员要经过专业的培训，了解和掌握高校辅导员工作绩效评估的基本知识和能力。没有经过严格训练的人是不能胜任评估工作的，否则难以达到期望的评估效果，会使辅导员产生强烈的厌恶感。

（二）努力打造高质量的绩效考核团队

1.组织评估人员认真研读评估的内容和评估准则

在辅导员工作评估过程中，评估人员既要了解评估的内容、标准，又要深入了解评估的目标的具体内涵。

2.培养和提高评估人员的洞察力和判断能力

在进行业绩评估时，评估人员经常根据其日常的行为和工作表现来判断和评估。因此，在培训过程中，评估人员要正确掌握各种评估指标的具体内涵，抓住日常观察的重点，以增强评估人员根据相关信息作出判断的能力。

3.加强评估人员对职业道德与责任的认识

在评估过程中，最容易产生错误的就是那些工作意识和责任意识不强的人。他们对工作不认真、不重视、敷衍了事，或者不管不问、听之任之。为此，各级领导要高度重视，各培训机构要不断地进行宣传，不断地督促，不断地提升考核人员的职业道德、责任感，以确保考核工作的顺利进行。

4.以典型事例为指导

在培训的过程中，组织成员必须了解评估的意义、理论、实践、原则、方法等。在此基础上，重点分析考核中存在的典型错误，将此类失误的严重性解释给评估人员。在培训过程中，我们要用典型的案例，让他们站在自己的立场进行模拟，并在讨论和总结中及时发现问题，从而真正提升评估人员的责任心和工作能力。

三、强化执行，确保建立长效机制和措施

好的体制，在于执行。针对现行的规章制度不能很好地贯彻落实，要找出问题的根源，找到问题，对症下药，根治痼疾。要加强对法规执行工作的领导，从根本上解决执行不力、落实不到位的问题，使之得到有效落实。

（一）从严管理，抓好落实

1.严格责任人制度

加强问责制是一种有效的措施，有利于明确责任，确保制度一步一步地落实。

2.严格自查自检制度

自查自检是为了增强辅导员的自我管理和自我提高的能力，其通过注重自我检查、自我反省和自我修正，发现自身的不足并加以改正。

3. 严格信息反馈制度

在建立长效机制的过程中，要建立相关的信息反馈渠道，使各级政府机关能够及时、准确地了解各地区、各高校的制度执行情况，及时发现问题，及时采取措施，确保制度的执行。

（二）加强监管，抓好落实

1. 大胆监督，不徇私情

好的制度不能收到好的成效，不是因为责任的履行，就是因为监督不到位，或者是不敢、不恰当监督。不敢监督，就是怕影响到自己的人脉，不想得罪人，所以才会有这样的事情发生。不恰当的监督方式是错误的，不能抓到问题的要害，也不能掌握好监督的范围。

2. 领导干部要做好监督工作

在构建长效机制时，要以领导干部为榜样，带头落实各种规章制度；要切实履行好自己的职责，督促检查各项制度和标准的执行。对工作中存在的偏差、执行不到位等问题，要积极采取措施进行监督和改进。

3. 开放监管通道

各级教育主管部门、高校主管部门要定期到基层，通过座谈会、访谈等形式，及时掌握学校建立长效机制的各项制度和规范；要打通各类监督途径，引导辅导员在基层说实情、讲真话。

（三）工作创新，抓好落实

1. 积极采取新的技术和方法

当前，高校在教学和研究中普遍采用了网络、多媒体技术。新技术的出现，使高校教学发生了新的变化。辅导员在新技术的应用上，应充分利用网络技术，大胆应用新技术，创新活动方式和方法，以提高辅导员工作实施长效机制和制度规范。

2. 创新的主题实践

在建立健全高校辅导员工作的长效机制时，要把高校辅导员工作绩效评估指标与相关制度规范相结合，开展丰富多彩的主题实践活动，设置若干不同内容的主题，不同区域、不同院校要有不同的特色，做到主题鲜明、亮点众多。

四、开展工作调查，探索工作规范

高校学生的思想政治工作是有规律的，而高校辅导员工作的绩效评估机制也具有一定的规律性。把握机制建设的规律，可以让工作更加有目标，提升工作的效率。

高校辅导员工作的绩效评估体系构建是一种科学的研究领域，具有实践性和科学性。

（一）坚持理论研究的思想性

社科工作要讲党性，要有理论的指引，要有正确的方向。毛泽东在《实践论》一书中写道："马克思主义的哲学辩证唯物论具有最显著的特点：一是它的阶级性，公然申明辩证唯物论是为无产阶级服务的；再一个是它的实践性，强调理论对于实践的依赖关系，理论的基础是实践，又转过来为实践服务。"

高校辅导员工作绩效评估体系的构建要以马克思主义为指导、以全面贯彻党的教育方针为指导、以科学发展观为指导；要坚持培育和弘扬社会主义核心价值观，把广大教师和学生作为坚定信仰的积极传播者、模范践行者；加强对大学生的人文关怀和心理辅导，使之成为安定团结的典范；要坚持培养良好的校风、学风，实现管理有方、风清气正。

（二）坚持理论研究的科学性

科学研究是探究客观事物发展、演化的规律，并在实践中产生认识的结果。高校辅导员工作绩效评估长效机制的理论研究，需要理论工作者在实践中要坚持科学的态度和科学的精神，重视理性思考，善于从根本上理解问题、从现象中发现问题；具有敏锐的问题觉察能力，具有较强的问题意识；能够综合、辩证地看待问题，善于调查，在调研和信息集成中找出问题的根源，并得出科学结论，掌握其应有的规律。制度建构的理论研究应当具有系统性，在符合逻辑的前提下，应坚持理论联系实际，历史叙事和逻辑思维相结合。

同时，高校辅导员工作绩效评估体系构建的科学性，也是其自身所具备的学科性质。从学科建设的角度来看，对促进我国高校辅导员工作绩效评估体系的构建具有重要的现实意义。本书对高校辅导员工作绩效评估的长效机制构建进行了理论上的讨论。在马克思主义教育学和思想政治教育学的指导下，在一定的学科背景下，有其具体的研究目的和研究领域。

（三）坚持理论研究的实践性

人们对于客观事物的规律的理解并非一蹴而就。高校辅导员工作绩效评估体系构建的理论基础是扎实的，更多的是应用型的，而研究目的则是回答实际为了什么，其发端于实践，回归于实践，引导、服务于实践，是一种极具操作性的理论。它的理论是对全国几十万高校辅导员工作的一次总结，是一次有价值的实践。同时，该理论的研究结果也回到了实际工作中，为高校辅导员的工作提供了有力的指导。因此，在进行理论方面的研究时，应坚持把专业理论和高校辅导员的研究有机地结合起来。同时，应鼓励和支持对思想政治工作第一线的辅导员开展相关研究，把他们在工作中的成功经验提升到理论层面，提供最直接、最感性的信息。我们也鼓励和支持高校辅导员在实践中不断提高自己的理论能力，不断加强自己的理论知识，培养一大批具有专业精神的高校辅导员，为高校辅导员工作的开展提供有力的理论支撑和人才保证。

这方面的研究，要像其他学科的理论研究一样，要有相应的课题、有明确的任务、有明确的要求、有规律的发布。目前，高校辅导员工作的首要任务是加快高校辅导员工作学科建设，使辅导员工作成为学科建设的一项内容。它既能促进高校辅导员工作科学化、可持续发展，又能为高校辅导员工作建立起良好的学科基础。这是一项基础的理论建设，需要所有人的共同努力，以实现我们共同的目标。

第六章 高校辅导员工作的实践创新

第一节 高校辅导员工作中人本主义心理理论的运用

一、人本主义心理学理论的主要观点

人本主义心理学于 20 世纪五六十年代在美国兴起。该理论由马斯洛创建，并以罗杰斯为代表，被誉为除了心理分析与行为主义之外的第三股力量。它与其他流派的最大区别在于，着重于人的积极本性与价值，注重人的发展，而不注重人的问题行为。人本主义心理学以人的天性和与社会生活的关系为中心，强调人的尊严与价值，反对在心理学中表现出来的"兽化""机械化"的倾向，提倡心理学应该关注对个体和社会发展具有积极作用的问题。本书从马斯洛的需求层面与自我实现的角度出发，结合罗杰斯的"求助人"理论，对其进行了较为系统的阐述。

（一）马斯洛的需要层次和自我实现理论

1. 需要层次理论的提出

亚伯拉罕·马斯洛，美国心理学的第三股力量领袖、社会心理学家、人格理论家、比较心理学家、人本主义心理学的创始人和理论家。20 世纪 50 年代，以马斯洛为代表的心理学家首先提出了人本主义心理学。他的心理理论在心理学发展史上已经确立了"第三势力"的地位，与以前的弗洛伊德学派和华生的行为学派的次要力量相比，都有很大的不同。第三股力量在研究对象、思想内

容、方法上都是对弗洛伊德和华生的行为主义的突破和扬弃。马斯洛没有完全否认弗洛伊德、华生等行为主义者，而是试图正确地评估两个流派中积极的、有价值的、有用的观点，并以此作为下一步的出发点。

马斯洛把一种综合的行为理论看作是一种内在的决定因素，它还包括外部和外部环境的制约，但是它更注重内在的决定性作用。它与弗洛伊德的生物还原论不同，也与行为主义的外在原因决定论不同，它更注重内在因素和决定因素。弗洛伊德学派仅仅把注意力集中在内部因素的决定性效应上，而行为主义则把注意力集中在外在因素的影响上，实际上两者必须同时进行。要想得到科学的理论，就需要从人的主观与客观两个方面来审视人的行为。在此基础上，还应注意人们的情感、欲望、需要、理想，以了解他们的行动。马斯洛认为，要将人作为一个整体、一个系统来看待，同时指出：人的内在潜力得到了满足，是人的本质。基于这一点，他提出了一套完整的人格理论，其中需求是核心问题，由此产生了著名的"需求层级"学说。因此，西方的批评家们把马斯洛心理学看作是另一个认识自我的里程碑。

2.需求层次理论的基本内容

马斯洛认为，人的动力包括许多不同的需求，而需求的顺序和水平也是不同的，包括生理需求、安全需求、归属与爱需求、尊重需求、自我实现需求。

（1）生理需求。

生理需求包括生活、吃饭、穿衣、医疗等，都是人类最基本、最原始的需求。生理需求是最底层、最强烈的，也是不可避免的，是一种强有力的驱动力。当基本的生理需求被满足之后，生理需求将会被安全需求所代替。

（2）安全需求。

安全需求用于防止肉体或精神上的损害。安全需求要求生活稳定，希望避免灾难、劳动安全、职业安全、对未来有希望，等等。每个人都有一种想要得到安全的渴望。

（3）归属与爱的需求。

归属与爱的需求又称为社会需求，即友情、爱情、信任，是指个体对家人、朋友、同事的理解、关爱和关怀的渴望。马斯洛相信，人是一种没有距离的社交动物。人的工作和生活不能单独进行，而且要经常与别人打交道，所以人要有良好的社会交往和人际关系，并能在团体里获得别人的认可和信赖。

（4）尊重需求。

尊重包括对自己的尊重，对自己的评价和对他人的尊重，有三种类型：自尊、他尊和权力欲。一般来说，充分满足人们对尊重的需求是很难的，但是基本的满足可以带来动力。这种需求可以归结为自尊心、自信心、威望、地位等。

（5）自我实现的需求。

自我实现需求，即个人发展的需求，是指充分利用个人的潜力，达到自己的需求。要想达到实现的需求，就必须把自己的潜能发挥到最大。自我实现需求是一种创新的需求，是一种至高层次的需求。自我实现意味着充分地、积极地、忘我地、全身心地投入生命的经验中。

每一个人都有五种不同的需求，但并非五种需求都能并存，而且不同的时期、不同的条件、不同的情况对需求的紧迫性也会有很大的不同。要达到更高的需求，就必须首先满足更低级的需求。当缺乏需求被满足时，实现这些需求的动力就会减少。而成长需求就不一样了，它无法得到充分的满足。人的需求越大，就会人为地追求更高的成就。需求层级理论不但能解释行为动机，还能说明个性发展。由此，我们可以看到人类整体的发展。

人类的需求是由外在的满足逐步转变为内部的满足。正如马斯洛所言，"人类的需要永不停歇，只有在很短的时期内才能得到充分的满足"。一旦一个愿望得到了满足，其很快就会被另一个愿望所替代。一个人几乎总有一种愿望，这是他的全部生活特征。在五种不同的需求水平中，生理需求是最重要的，而在满足了生理需求之后，安全需求也随之产生。在满足了这个层次的基础需求之后，就会有更高层次的需求。以此类推，就形成了一个由人类最基本的需求构成的层次结构。马斯洛相信，人之所以想要得到，是因为他有一种需求，而需求是一种基本的驱动力。因此，需求是人类存在的最基本的内部动力。

3. 自我实现理论的概念与实质

"自我实现"思想贯穿了马斯洛的一生。他的所有作品都对这个词进行了多次的描写和界定，而且它们之间也有细微的差别。"一个作曲家要创作，一个画家要画画，一个诗人要创作，否则他就永远不会平静。一个人要做的事情，就一定要做，而且要对自己的天性保持忠诚。我们可以把这种需求叫作自我满足。"这是一个很简单、很形象的定义。我们可以看到，马斯洛从人的需求出发，认为自我的满足是一个人的本性，"自我实现"是人类的天性所决定的。

马斯洛的"自我实现"概念经过了数次的定义、演变和完善。在《存在心理学探索》一书中，马斯洛对"自我实现"的本质作了如下的描述："人的天性显示出一种日益完善的生存状态，一种人类日益完善的倾向。"可以这样说："一棵橡树的种子就会变成一棵橡树。"马斯洛将自我成就比喻为一棵橡树的种子，成长为一棵橡树，并将人类的自我成就视为橡树种子与橡树。很明显，"自我实现"是人的本性的自然流露，是每个人都具备的，是人的本性的一个真实的过程。在此过程中，通过量变向质变的持续发展，最终实现了自身的价值。马斯洛认为，"自我实现"是一种积极健康的人格模式，是一种理想的人格模式。马斯洛指出，"自我实现"是一种人的自觉、一种高度自觉、一种积极的主体性的释放。

（二）罗杰斯的求助者中心疗法

求助者中心疗法又被译为"咨询中心疗法"，是人文疗法的一个重要分支。在西方的心理疗法中，以人为中心的心理疗法是它的最新发展趋势。心理疗法注重人类的历史和潜意识，而行为疗法注重外部行为，因此，心理疗法具有把人的活动物化的趋势，而行为疗法有使人机械化的趋势。人本主义疗法顾名思义就是一种以人为中心的治疗方法，它追求在心理分析和行为疗法之间的平衡。

1. 以人为中心的心理疗法理论的主要内容

（1）"求助者中心疗法"的人性观。

"求助者中心疗法"关于人性的基本理念：首先，人类存在着一种自我实现的倾向，这种"自我实现"倾向虽然受到消极因素的影响，但一旦存在，这种倾向就不会消失；其次，个体具有生物的评估过程，其自我实现倾向是衡量个体体验与自我实现的关键指标；最后，人天生具有"善"，值得信赖。罗杰斯所谓的"善"，就是一种不受个体主观价值影响的"真正有效的伦理体系"，它能让求助人用自己的能力来处理自己的精神问题。

"求助者中心疗法"是一种积极乐观的态度，就像一个刚学会走路的孩子，不管摔了多少次，他都能自己走路，这也是为什么他的精神能够发育的原因。

人的天性是有创造性和建设性的，而自我实现趋向是整个有机体的机能。罗杰斯说："从我的经验来看，一个人的本质是善良的，我越来越感到，如果一个人被充分地了解和接受，他将放弃他在人生中所起的作用，并继续前进。"在一般条件下，每个人都有不断进步的潜能，自我肯定，这是求助者中心疗法的一个重要理念。这一理论不仅是对特定时代或特定文化的一种固定的、行动的结果，也是一种能够说明人类本性运作的方式。

（2）有关自我概念的理论。

"自我"是一个多维的、多层次的结构体系。罗杰斯认为，人有两个自我：一个是真我，另一个是理想化的自我。同时，每个人都有维持自身内部一致性的需求，这是个人健康发展的根本。当真实的自己（真实的自己在真实生活中所得到的）与理想的自己（"应当是""必须是"等）之间产生矛盾时，人们就会产生精神上的不正常。自我观念对自己的行为起着调控作用，在外在的影响力量要转化为个体的个性特点时，必须以自身观念作为媒介。一个人在社会实践中得到的正面评价和肯定越多，他的个性发展就越正常。反之，性格也会发生畸变。人格概念是人格形成、发展和改变的基础，是人格发展的一个重要标志。于是，求助者中心疗法主张自我观念与自我理想的和谐，这是健全个性的一个重要指标。而心理治疗的目的，就是要让真实的自我与理想的自我达到和谐。

（3）改善个性的基础条件。

促使个性改善的三大要素是：第一，"以人为本"的心理咨询理论的前提，即治疗师所传达的信息与其内心的经验相吻合。他不会说假话，不会摆出一副专家的架势，也不会摆出一副说教的架势。相反，他会开诚布公地进行沟通。诚恳不仅是指诚实，它也是一种可以让求助者感到安全和信任，并且可以坦率地谈论他们的情绪和态度。第二，绝对的尊敬，也就是不批判并正面接受，但是不能把它和欣赏混为一谈。"无条件尊敬"是指治疗师接受求助人的态度和行为，而不是批评。从求助人的角度考虑，保护求助人的利益，是建立一种良好的心理咨询关系的先决条件。第三，同情心，是指辅导员从求助者的角度来理解所有的事情，体会到他的真实感受，并将其反馈给他，从而产生一种情绪上的共鸣。在求助者中心疗法中，必须保持一种不带批评的态度。这样可以更好地了解求助者所经历的情绪，有助于其进行自我探索，并与其建立良好的医疗感情。治疗师在进行咨询时要有一种基本的态度，即与咨询人员建立良好的互动关系，以营造一个合适的工作环境。

2. 求助者中心疗法的评价

求助者中心疗法是一种基于个性自我理论的人文精神疗法。精神分析治疗需要患者回想被压制在无意识状态下的精神症状，而求助中心治疗则是协助患者进行自我探究。这一套思想颠覆了传统心理学主流学派的偏颇，无论从理论上还是从实际出发，都是有益的。

（1）理论贡献。

首先，罗杰斯重点论述了自我概念对个性发展的影响，认为个体的行动并非受到外部环境的机械控制，也并非出于本能的冲动，而直接受到自身思想的约束。所有的本能和外部的力量都与个体的自我意识相一致，这也维护了人的理智的尊严。这一理论强调了"以人为本"，即寻求帮助的关键在于帮助人本身，并把它看作是一项帮助他人的自我服务，充分尊重个人的自由选择，尊重个人的尊严与价值，促进求助者自身的发展。

其次，求助者中心疗法强调的是治疗的环境和气氛，而不是技术。通过营造一个有利于求助者自我探索、挖掘自身潜力、实现自我探索、实现自我价值的良好环境和氛围。罗杰斯表示，行为矫正法过于"机械"，丧失了人性，而"钻心"的心理分析技术也没有用。罗杰斯创立了"以人为本"的治疗学学说，指出人类精神的核心在于"意识体验"，而人类的潜力是无限的，这对于激发求助者主动进行心理治疗具有重要意义。

最后，"以人为本"的思维方式不仅对心理学产生了深远的影响，甚至还渗透到教育和其他的社会科学领域，不仅限于心理咨询与治疗，还涉及其他学科。罗杰斯认为，人与人之间的关系是人类发展的充分必要条件。它拓展了"以人为中心"的治疗思想，丰富了"精神疗法"的理论，开辟了"新的视角"。在肯定罗杰斯的正面理论与实践价值的同时，我们也不能忽视它的局限性。

（2）局限性。

首先，罗杰斯在他的理论研究中着重于讨论自然因素，而忽略了人的社会性质。罗杰斯在人性方面未能摆脱唯心的框架。马克思主义的观点是人性始终是特定的社会历史的结果，人的本性始终受到人类的阶级性和社会性的限制，不存在超越阶级性的人性。罗杰斯脱离了人的特定的社会关系，只从一个抽象的个体开始，仅仅从心理学的观察、经验中断定人的本质是好的，人的天性就具有向善的自我满足的倾向。

其次，"以人为本"的治疗理念过于重视求助者的个体角色，忽视了治疗的手段与技术。在咨询过程中，治疗师会对求助者进行初步的心理评价，但这种评价只能造成对求助者的主观印象，忽略了求助者的客观真实，因为治疗师在实践中太过理性，忽略了对心理治疗的重视。

罗杰斯指出，造成这种心理失衡的主要因素是对自身与体验的不一致性，将自己视为一个统一的概念整体。但是在实践测试中，罗杰斯将自我和理想自我的不同看作衡量精神是否平衡的一个指标。因此，当人们把心理失衡的理论重点放在进行科学衡量时，就会出现矛盾。

本书认为，"以人为本"的治疗观从"求助者"的角度着重论述了个体在社会生活中的角色，认为人的潜力是无限的，并强调了发挥这些潜力的重要意义。尽管有其自身的局限性，但其在心理辅导与心理治疗的理论体系中有着无可替代的作用。

二、高校辅导员在工作中运用人文心理学的必要性

加强大学生工作，是推动高等教育和素质教育的必然要求。而要使学生工作取得实效，高校辅导员工作的核心在于确立"以人为本"的理念。

将人本心理学的理论应用于学生的教育和管理中，要重视对学生人格的培养、对其创新精神的尊重，从而促进其全面发展。在管理高校辅导员方面，运用需求层级理论和自我实现理论，使其能够更好地体现人文心理学的思想，从而使其达到更好的教学目的。

（一）需要层次理论对辅导员工作的启示

马斯洛的需求层次理论的合理应用，不但可以让我们更好地掌握大学生需求的发展和演变规律，还能为高校辅导员制定出相应的应对措施。因此，把马斯洛需求层次理论引入学生的日常工作中，其工作更加有效。

1. 注重学生个体需要的差异性

马斯洛的需求层次理论认为，需求是人类行为的内在推动力。在学生工作中，要做到有的放矢、对症下药，才能达到更好的效果。根据马斯洛的需求层次理论，在不同的历史阶段，不同的客体有着不同的要求。在辅导员工作中，

应根据不同的家庭背景、年龄、性格等因素，认识到学生的个人需求差异。大学生的需求存在着巨大的差异，既有心理上的需求，也有物质上的需求；既有生理和心理发展的需求，也有学校、社会等外部环境的需求。很多辅导员在工作中缺少与学生的双向沟通和互动，造成了知识、情感、意志、行动的人为分割，使其理论和实际分离。即便有沟通与互动，在实际操作中也缺少层次意识，常常是一成不变，忽略了学生个人需求的差异。因此，要善于观察、理解，根据学生的需要进行针对性的教学，以满足学生的合理需求，从而达到教学目的。

2. 了解不同学生需要的层次性

马斯洛认为，人们的各种需求水平都受到自身兴趣、价值追求等内在因素的激励和影响。他把人的需求分为五个等级，大致概括了人们的各种需求水平，并从某种意义上反映了人类一般的行为和精神法则。因此，在具体工作中，辅导员要结合学生的实际需要，对其进行针对性的分析，并能区分其不同的层次和类型。人类的需求虽然分为低层次和高层次，但也不是完全遵循从低到高的原则。有时，更高水平的需求在较低水平层次需求尚未被满足的情况下产生；有时可以同时满足较低层次和较高层次的需求，而且不存在优先次序。

3. 积极培养自我实现的心理需要

马斯洛相信，人的潜力是最好的自我满足，它能促进人的成长和成才。为此，高校辅导员必须充分利用自己的潜力，提高其自身素质，并把其作为自己的责任。"新的需求会产生新的质量。"因此，大学生的自我实现需求得到满足是高校辅导员的一个重要任务。

（二）自我实现理论在辅导员工作中的作用

1. 自我实现理论在当代与现实中的价值

自我实现是指身体系统的自我表达和功能的一种趋向。人在自我实现的过程中，获得了一种和谐、完全、自由的感觉。自我实现是人类个性发展的一个重要阶段，也就是人类发展的最高阶段。马斯洛的自我实现理论是激励人积极进取、不断创新的，他用这种全新的眼光看待人类，这对发掘人类的创造性潜能、塑造健全个性有着巨大的意义。

自我实现是在任意时间、任意范围内发挥个人潜力的过程，绝不是最终的境界。它教导我们要有一种终身学习和奋斗的精神。自我实现可以是把自己的目标做得很好，但这并不意味着你要完成那些遥不可及的任务，而是说，要达到一个人的成功，常常要经过艰苦的准备。自我实现、对人类在价值上的追寻，会给人以启迪，有助于充分发挥人类的创造力和最基本的能力。马斯洛称之为"巅峰经历"，即短暂的自我成就，让人"心醉神迷"。这种事情大家都有过，但并不是所有人都能体验到的。在辅导员工作中，要使学生自觉地做到"以人为本""为社会服务"，从而使"人"的真正价值和意义得以体现。

马斯洛的自我实现理论告诉我们，没有一个人可以在一夜之间取得成功。马斯洛的自我实现理论认为，自我实现是人类最正常的表现，也是人类的最好表现。这对充分挖掘大学生个人潜力具有很大的借鉴意义。

2. 利用自我实现理论提高辅导员工作实效性

目前，我国高校辅导员工作效率低下问题已成为学术界普遍关注的焦点。如何加强辅导员工作效能的研究，在理论界已取得了大量的成果。从理论上讲，有"交际性道德""主体性教育学""德育生活化理论"。从实践形式看，存在着"网上思想政治教育""校园文化建设""隐性课程建设"等。但是，加强高校辅导员的队伍建设，无论是从理论上还是从实践上来看，都是促进高校辅导员工作实效的有效途径。在大学生思想政治工作中，辅导员发挥着基础性和关键性的作用。从学生的视角出发，利用马斯洛的需求层次理论来调动学生的学习兴趣，改变过去的授课方式和批评，真正地为学生考虑。要学习利用有利的外在环境让学生自己去理解和体验。只有在感觉和认知达到了某种程度之后，才会产生内在的动力。从教师的视角来看，应当为学生营造一个轻松的学习氛围，发掘他们的潜力，从而达到自己的最高成就。

（三）人本主义理念对辅导员工作的影响

1. 高校辅导员工作的理念要体现人文精神

观念是一种主导的事物，它主宰着人们的行为，如果没有观念的引导，就不会有后续的行为。改变教育管理理念，是高校学生管理工作改革的重中之重。在高校学生管理中贯彻以人为本的原则，就要确立"以人为本"的办学理念。在20世纪末，联合国教科文组织"以人为本"思想是尊重人的人格、发掘人的潜力、实现人的价值、满足人的需求、实现人的全面发展。然而，长期以来，由于学校的管理体制制约了学生的发展，对学生的管束太多，忽略了学生的主体性，导致部分学生不仅不服从学校的各项规定，而且有的学生还违反学校的规定。在高校辅导员工作中，往往把学生视为责任主体，而不是权利主体，将学生看作是一种必须加以管教的对象，使得高校与大学生在义务与权利上存在着不合理的关系，这对高校思想政治工作的开展有一定的影响。在高校学生管理中，我们必须注重学生的需要，从学生的需要出发，建立以"以人为本"的管理策略，培养学生的主动性和创造力，使他们的发展得到最大限度的满足。

当今世界和国内局势正在发生深刻的新变化，不同的意识形态和文化相互碰撞、互相交融。大学生的世界观、人生观和价值观都会随着时间的推移而发生变化。

过去的工作已不能适应新的情况，新时期的工作观念与其基本宗旨背道而驰。而在学生工作中，应充分体现"以人为本"的工作思想，从学生的需求出发，这样才能达到事半功倍的效果，使学生的学习热情得到最大限度的激发。

加强对大学生思想政治工作的指导，既是新形势下高校学生工作的内在需求，又是深化教学改革的必然产物。只要正确引导和教育，就能发掘出每个大学生身上的"闪光点"，培养出一批"千里马"。相反，假如学校管理者主观地将大学生分成三六九等，对那些不遵守纪律的学生视而不见，璞玉被当成石头后就再也没有机会焕发光彩。因此，教师要以欣赏的眼光看学生，以发展的眼光看学生，以满怀的爱心关心他们，为他们提供一个适宜的成长环境，激发他们的勇气，让他们走向成功的辉煌。

2. 高校辅导员工作"以人为本"的本质要求

人本管理的本质就是"以人为本"。根据每个学生的具体情况进行具体的分析，目的在于满足他们的各种需要，以实现他们的自我扬弃，克服人性的丑陋，保持和发展人性中的善，扬长避短，使其人格得以完全的发展。因此，树立"以人为本"的思想，成为高校辅导员工作的一种内在需要，这是时代发展的需要。当前，我国的教育事业正处于一个新的阶段，政治、经济的改革必然带来教育行政体制的重大变革。从传统的应试教育到全面实施素质教育学习变革，是一个具有划时代意义的重大变革。

与素质教育相对应的是一种全新的人才观念和教育观念。在这种新形势下，辅导员的工作理念必须体现"以人为本"，要始终把"对学生成才有益"作为衡量管理工作得失的标准，把"以学生为本"的理念贯穿始终。

总之，以人为本是当代高校辅导员工作的一种内在需求。学校的一切工作都要以学生为中心，"以人为本""以学生为本"。"以人为本"是当前教育思想中的主流，是新时代的要求，符合人全面发展的需要。

三、人本心理学在辅导员工作中的工作路径

（一）辅导员要坚持以人为本的工作方式

1. 确立"以人为本"的教学服务观念

所谓"以人为本"，即以人的发展为中心，承认人类的发展潜能，确认人类的价值，建构人类的主体性，注重人的能动性和创造性。同时，期待通过教育来促进人的全面自由发展。当代大学生是一群生机勃勃、积极乐观的群体。同时，他们更渴望了解、关爱、平等和更多的信赖。作为一所大学的辅导员，应该把学生的这一需求放在自己工作的首位，把自己放在学生的学习和生活中，给学生创造一个轻松的学习和生活环境，为学生提供体贴的服务。"以人为本"的教育思想必须从自然、社会、人三个方面寻求其内在的规律与内涵。

教育应顺应人的天赋、提高人的潜能、完整而全面地关照人的发展。传统大学教育理念强调对大学生实行严厉的管理和系统化的知识文化教育，学校在某种程度上发挥了管理者的作用。但是，对学生主体的忽视导致他们在情感上的冲突。因此，辅导员应确立"以人为本"的指导思想，把"以人为中心"贯穿于学生工作之中。同时，辅导员应从"管理者"转变为"服务者"。一切以学生的利益为出发点，把对学生的管理转变为对学生的服务。辅导员要"以人为本"，以"关怀""尊重"为核心，使学生的综合素质与能力需求得到最大限度的满足。

建立以学生为中心的辅导员思想，构建新的师生关系，促进学生的全面发展。辅导员要以学生为本，用实际行动来解决问题。首先，辅导员要与学生建立平等、互信的良好关系；其次，要真正实现对学生的权利、对学生的感情、对学生的利益的追求；最后，不要用放大镜观察学生的成长，要做到真正的鼓励，而不是惩罚。

2. 注重学生自我管理

在高校实施"以人为本"的管理模式，有效实施学生的自我管理是十分必要的。大学生已经成年，具备了良好的自我管理意识，并具备一定的组织和管

理能力。辅导员要将对学生的管理和学生的自我管理紧密联系起来。从教育的角度来看,高校辅导员组织管理的目的在于实现学生的自我管理,这充分体现了对学生主体的尊重与信赖。"以人为中心"的高校办学管理模式应当是一种以"学校理性指导,学生自主管理"为主要特点的新型自主办学管理模式。一方面,辅导员要做好学生的心理辅导;另一方面,要给学生提供参与各种形式活动的机会。在此教育管理模式下,学生从被别人约束向自我约束转变,实现自我教育、自我成长、自我管理和自我服务的最佳状态。同时,对学生进行教育管理,从外部控制向内部控制转变,使内部因素起到应有的作用。

在日常工作中,辅导员要加强对学生管理工作的认识,充分发挥学生的主动性,使他们积极参与管理,为学生提供更多的实习机会,扭转过去的被动、从属的局面。如果仅仅将学生视为教育管理对象,则会使大学生产生逆反心理,甚至产生消极的反抗。鼓励大学生的自我管理,使他们认识到自己具有管理者和被管理者的双重身份,能够极大地激发他们的自主意识,大大提高他们的自我管理能力。在管理方式上,辅导员要坚持"松紧适度""刚柔并济"的原则,加强对学生自我管理的关注,让其克服放任自流的心理。

3. 注重学生的个体差异

辅导员既是老师,又是同学的朋友,要善于聆听学生的心声。在"以人为本"的高校学生管理中,培养学生的个性发展和创造性思维,有着十分重要的作用。以真挚的感情和不加修饰的语言来引起师生的关注与共鸣。在大众化的高等教育中,大学生在思想、行为、习惯上也有很大的差异性。这是因为不同的家庭在社会地位、价值观念、生活方式、教育方式上都有较大的差异,所以我们要从差异性和发展性的角度来审视学生的个性,注意他们的心理和行为方式。因材施教就是针对学生的各种需要,适时地对其进行调整,使其在工作中处于主动地位,并对其进行生活的指引和引导。要实现因材施教,要了解学生、研究学生,培养学生的主体性,对他们进行不同程度的教育,按照学生的年龄进行有系统的教学。因此,重视学生的个体差异、进行个性化的教育,不仅是辅导员工作的一项重要内容,更是对教育本质的一种内在规范。

(二)发挥大学生的主体作用是辅导员工作的关键

1. 培养学生的"主体意识"

大学生的主体意识是自我调节与自我存在的价值意识,是主体自主性、独立性和创造性的集中体现。大学生主体意识的培育和主体作用的发挥，是当前高校德育工作的重点内容。然而，我国传统教育忽视了对大学生主体意识的培养，使得大学生主体意识薄弱，缺乏主动性和创造性。

要培养大学生主体意识，首先，要从尊重学生的主体性出发，适时地进行指导，并给予恰当的表扬与批评。激发学生的学习积极性，避免打击他们的自尊和自信。不当众批评和侮辱学生，采用双向沟通的方法和学生进行思想交流。其次，营造轻松愉悦的校园氛围，让学生有更多的发挥空间。高校文化氛围宽松，校园文化氛围良好，能够激发大学生的创新欲望。

2. 重视学生个性化发展

强调培养学生的个性，是当今教育发展的一大主题。教育部制定的《国家中长期教育改革和发展规划纲要（2010—2020 年）》提出了尊重学生个体差异等基本原则。"个性"是一个人的内在品质和环境的交互作用，它是由智力、体能、气质、特长、活动能力、道德品质、情感意志等多种因素组成的，是具有自我解放价值的独特的整体。"个性"是人的外在素质与内在素质，是人的综合和提高。个性化教学是以提高和优化学生个性为目的的教育。个性化教学的三大要素：一是发掘和尊重学生现存的个性；二是为学生的个性发展创造有利的物质环境；三是通过实施教育教学改革，挖掘学生的个人潜力，培育个性人才。青年学生的特长、学习能力、兴趣爱好等方面也有较大的不同。回到人的主体地位，注重人的人格发展，这不仅是对人的教育规律的一种尊重，而且是一种创造性的人才的培养。而个性化的学习能使学生在学习中获得快乐和成功。

新时期，高校辅导员要转变教学观念，树立"以人为中心"的教学观念，加强"主体意识"的培育，重视个体个性化发展。辅导员的工作是大学生管理和教育工作中最基础、最核心的环节，单凭激情是远远不够的，要做到"用心、用脑、用手"才能更好地完成工作。

第二节 "三全育人"理念下的高校辅导员工作实践

一、高等学校"三全育人"辅导员工作概况

（一）"三全育人"理念的提出

2004 年，中共中央、国务院印发的《关于进一步加强和改进大学生思想政治教育的意见》中明确提出，坚持全员、全程、全方位育人（简称"三全育人"）的要求。"三全育人"理念是党的十六大精神的具体体现。经过多年的理论实践和探索，"三全育人"的思想逐渐扎根于高校的德育工作中。中共中央、国务院于 2017 年 2 月 27 日印发的《关于加强和改进新形势下高校思想政治工作的意见》强调指出，高校肩负着人才培养、科学研究、社会服务、文化传承创新、国际交流合作的重要使命。

"三全育人"是一种以制度理念为核心的思想政治教育，以"渗透、滋润"的方式进行；以德育为本，重视对学生能力的培养与提高；教育教学中的各个环节，包括课堂教学、学生管理、思想教育、文化氛围、社会实践等，都要相互促进、共同发展。

（二）高校辅导员在"三全育人"中的新使命

在中国特色社会主义新时代，高校毕业生是我国社会主义建设事业的重要力量。高校毕业生的素质教育水平对社会的发展有着重要的影响。新时期高校思想政治工作面临着新的历史任务。

"三全育人"把高校思想政治工作推上了新的历史地位，是新时期高校思想政治工作的一项重要举措和行动准则。

"三全育人"是大学生思想政治教育工作的重要内容。高校辅导员要以"三全育人"为指导，围绕全员、全程、全方位的育人格局，促进学校思想政治教育工作的高质量、内涵式发展。

1. "三全育人"对高校辅导员的角色定位提出新要求

全员育人，也就是所有的大学教育工作者都要承担起育人的责任，产生育人的效果。在这样的大环境下，对高校辅导员的工作也有了新的要求：一是要

提高自己的政治站位，尽到为党和国家培养人才的责任，在新时期，高校辅导员要承担起新时期大学生思想政治工作的重任；二是辅导员只是全员育人系统的一部分，所以要探索其工作方式，建立"部分"与"整体"的协作机制，强化立德树人的顶层设计，加强与高校思想政治理论课、专业课教师的协作，提高教学效果。

2."三全育人"对高校辅导员工作模式的新要求

"三全育人"是指高校思想政治工作要围绕"以人为中心"的思想进行。全程育人，是把政治认同、品德塑造、道德修养贯穿学生成才的整个过程。它的本质是把高等教育和大学生思想政治工作的规律和自身的发展规律相联系。第一，全面、正确地把握大学生的成长与成才规律，积极了解其群体信息与个人差异，并积极作出决定。第二，要善于把握学生的发展和成才规律，做好学生的政治教育。第三，加强理论与实践的综合训练，深入挖掘学生的成才规律，增强其实效性。

3."三全育人"理念下高校辅导员工作内涵的新要求

"三全育人"是指高校辅导员以立德树人为核心的人才培养与育人工作。"全方位"是一种综合性教育的空间范畴，它的内涵和外延都有其特定的范围和空间属性，因此它可以被视为"环境"。从新时期高校思想政治教育的视角来看，它是一个德育环境的问题，其本质在于探索一种"润物无声"的制度。高校辅导员作为大学生思想政治工作的主体，在新的形势和要求下，首先，要做好立德树人的工作；其次，要有系统化的教学理念。辅导员要把课堂教学、学生管理、文化教育和社会实践有机地结合起来，形成一套完整的德育体系。

二、"三全育人"理念下的高校辅导员工作实践

辅导员要充分理解"三全育人"的深刻内涵，掌握其基本原理，掌握学生成长规律，确立"三全育人"的思想。在全面育人的过程中，辅导员要准确地把握自身的职责，要充分利用全过程教育的衔接作用，把资源整合到全面育人中去，真正实现大学德育的基本任务。

（一）要转变思想，积极践行"三全育人"

思想既决定了方向，也决定了行为。首先，辅导员要充分理解"三全育人"的深层含义，正确理解其角色，正确把握"三全育人"是立德树人的根本

任务。其次，辅导员要牢固树立"三全育人"的思想，在习近平新时代中国特色社会主义思想指导下，深入学习领会习近平总书记关于教育工作的重要讲话精神，全面贯彻党的教育方针。新时期高等教育的新要求和新内涵被赋予了新的内容，成为大学的思想纲领、行动指南。再次，辅导员要切实提高自己的站位，把"三全育人"与立德树人这一目标任务相统一，作为思想政治工作的指导。最后，辅导员要转变工作理念，贯彻"十大育人"制度，坚持"三全育人"的工作理念。

（二）立足岗位，做好"三全育人"工作

辅导员是与学生关系最密切、最了解学生的人。在"三全育人"的过程中，高校辅导员要充分利用自己的专业特长，以自己为"主"。

一要明确"三全育人"中辅导员工作与教学、管理、服务等各方面工作的关系，加强学生的主体地位，在全过程培养中发挥领导作用。要根据学生的成长特点，进行思想政治教育，整合和优化育人资源，在课堂内外、校内外、线上线下有机融合中发挥主导作用。二要加强与校内外的协同。要深入课堂、实验室、宿舍，加强与专业教师、思想政治理论课教师的沟通与交流，充分发挥"课程""科研""实践""管理"和"服务"的育人作用，做好大学生与理论课教师、专业课教师、学校行政部门、家庭等方面的中介工作。在家庭与学校之间，辅导员应充分利用家庭关系网络的交叉点，加强家庭与学校之间的联系，发挥领导作用。三要强化自身角色定位，让其在"三全育人"中起到推动者和协同者的作用。"三全育人"是一个系统工程，需要多方协同。辅导员要及时发现"三全育人"工作中的问题，促进各方面的交流与合作，共同进步。

（三）健全教育体制，积极推进"三全育人"

高等学校要充分认识和把握立德树人的根本任务，统筹谋划、整合资源、协调发展。

1.要健全工作协调机制，促进教育主体落实责任

"三全育人"工作的全员化，决定了各级各类教育机构必须把立德树人作为根本任务。全员育人要凝聚共识、坚守职责、发挥作用，推动"三全育人"的工作。在实践活动中，辅导员作为一名教师和一名管理人员，具有上传下达、联络沟通的作用。因此，要在培养主体中充分发挥辅导员的组织与协调功能，推进教师队伍履行教书育人职责，提高学校领导干部队伍专业化、职业化

的管理水平，促进各方面的育人主体，切实履行立德树人的职责，建立党政干部、专业课教师、班主任、辅导员等多种育人主体，建立健全"多人"的"关爱"服务体系。

2. 协调主要和次要通道之间的关系，推动整合教育资源

课堂教学是教育的重要手段，也是教育的重要阵地。在"形势与政策""职业生涯规划""职业指导"等课程中，辅导员要充分发挥其教育功能。辅导员是学校第二课堂与社会实践的重要引导者，在进行教学活动的同时，要充分发掘教学资源，利用各种形式的育人载体，增强以智育人的教育效果，力求建立一个全面的学生素质拓展能力提升系统。

3. 推进教育队伍的整合，促进教育环境的优化

培养环境是培养学生成才的关键场所，环境的优劣将直接关系到教育工作的成败。辅导员处在高校思想政治工作的第一线，是学生与学校、社会、家长联系的纽带，是促进"三全育人"队伍整合的重要力量。通过家庭联系、社会走访等途径，促进家庭、学校、社会三方育人的形成，促进德育队伍的整合，形成多元一体的学生锻炼、成长和人格涵养体系。

（四）坚持"三全育人"活动的原则

高校要始终把培养学生的成才作为立足点和出发点，正确把握教育教学规律和学生成长规律，不断提高育人主体参与育人工作的专业化水平。

1. 分阶段开展育人工作

高校辅导员是我国"三全育人"的重要载体，应不断提高其教育教学的专业化水平。在实施的过程中，辅导员要根据不同年级的特点，采用专题班会等多种形式，根据学生的需要，制订相应的教学目标、教学内容和教学载体。比如，对大一新生进行生活适应教育，对大学二、三年级学生进行能力提高和素质拓展，对大学四年级毕业生进行就业辅导。"三全育人"贯穿大学生的整个人生历程，引导其从入学到毕业的学习、生活和工作。

2. 开展个性化的育人工作

为满足不同类型学生的个性发展需求，应实行个性化教育。在开展学生工作时，要对特殊教育对象进行全面的调查，并针对这些问题和困难进行分析，以提高其教学质量。在学习方面，要加强对优等生的身体训练，对学困生要给

予一定的支持，以保证其顺利完成学业。在生活方面，要充分发挥助学金的作用，引导其自主创业。在心理素质方面，要加强心理健康教育，做好心理健康监测，通过谈心谈话等培养学生良好的心理状态。

3. 改善育人工作的薄弱环节

寒暑假实践活动是大学生最主要的学习形式，也是他们在学校外进行的一项重要的活动。在寒暑假期间，辅导员要积极组织学生参加社会调查、课题研究、企业实习、科研竞赛等社会实践活动。通过将假期与学校的教育工作相结合，层层推进，保证了德育工作的连续性和完整性。此外，要把握好网络信息的传播规律，主动占领网络阵地，积极开展思想政治教育，只有实现线上与线下的有效结合，才能更好地实现"三全育人"。

第三节　高校辅导员工作实践中相似论的应用与思考

一、相似论概述

（一）相似与"相似块"

1. 相似

世界上的事物，尽管以各种方式存在，但透过现象研究其内在的本质，或多或少都会存在相同的规律或道理。在我们分析了解事物不同的个性之后，要真正认识这些事物，就必须寻找出它们之间存在的共性，也就是相似之处。张光鉴把"相似"定义为"客观事物的同一和变化的矛盾的统一"。这种定义可以形成较为抽象的普遍适用于自然、社会、思维等方面的类似概念。但是对于特定的对象，直接使用类似问题的研究还不够透彻。

因此，相似是指"相对于特定的参考体系和标准，对象之间既存在着相同的部分又存在着有差异的方面，特定的差异可以根据存在的相似联系进行改变，它是相同与变异的辩证统一"。

2. "相似块"

"相似块"是人类在不断地学习和实践中积累起来的，人类对外部世界的认识往往离不开其存在，某些科学研究方法也是基于人类大脑中储存的"相似块"和它们的发展规律。储存在大脑里的"相似块"并不是一成不变、绝对静止的，它们一方面与感官的信息相互联系、相互作用，另一方面又与其他的"相似块"产生联系和作用，使它们重新组合，构成新的"相似块"。随着人们对客观事物的不断认识和自己不断地学习钻研，"相似块"相互组合深化并积累得越来越多，人们头脑中的思维内容也就不断丰富。人们大脑形象思维中常常出现的直觉、想象力建立在新"相似块"的结合之上。

当然，在某些情况下所得到的"相似块"则只能适用于特定的范围，而不能任意地扩展和扩张。同理，在相同的情况下，相同的经验都应当有相似的结论，而不是简单照搬。

（二）相似论原理

1. 认知中的相似论原理

首先，相似论认为，客观世界中的事物之间的相似性是普遍存在的。因此，要想了解事物，就必须从相似的事物或者相似的法则开始，要有敏锐的洞察力，掌握事物之间的相似之处。其次，相似论认为，人类的思想是根据相似性来认识和理解的。之所以可以根据相似性进行活动，直接原因就在于人的中枢神经网中的信息活动是以"相似块"为中介进行工作的，不管是有意识的，还是下意识的，"相似块"都会根据相似的程度进行相似的激活、联系、匹配。人是自然生成的，其生存于一定的社会环境中，其行为受其所处的社会环境相似性、历史文化的相似性、道德伦理的相似性以及风俗习惯的相似性的影响，而我们的大脑则遵循着相似的客观法则，根据其固有机制和神经系统，使得我们的言谈举止和社会环境保持相似。人类思维的相似性原则就是利用现有的"相似块"和解决问题的信息实现高度的相似性结合，从而产生一定的共鸣，以解决现实生活中的实际问题。

个体的思想运动的普遍规律，是指人们在头脑中储存的"相似块"，是通过他人的间接经验和自己的实际经验来思考、推理和判断所要知道的事情。类似于人类的思想活动，可以转化为直觉思维、灵感思维，最终发展成为科学的逻辑思维。

2. 实践中的相似论原理

在实际应用中，相似论的原理有三个：基因相似、条件相似、环境相似。

但相似的条件和环境也会对基因产生相反的影响。在客观世界里，没有一个相似的现象或结果是没有原因的，所有的东西都是有因果关系的。我们无论做什么事情、建设什么工程或者设计什么产品，都应该充分考虑当时的外部条件和环境。同样地，人在生理和物理上的确具有遗传的相似性，但具有相似基因的人也必须为其创设相似的条件和环境进行教育，才能培养出同样优秀的人才。在一定的条件下，事物具有更多相似的功能，它的作用和用途也会更广泛。计算机的广泛应用正是在于它包含了众多的与人类相似的功能，包括能听、能写、能看、能算、能记忆等，显示出了极大的作用。人也是如此，如果掌握的知识、实践经验、技能越多，他的实力也就越强，社会对他的需求也越大。在不同的学科中，往往会有一门或数门相似的学科。而这些学科中，有一条指导原则可以确定其内在的相似法则和序列。

二、相似论对高校辅导员工作实践的启示

（一）注意教育的目的与培养学生的相似性

相似论原理指出，"相似的基因、相似的条件和环境会产生相似的结果"。用相似论的观点看，教育的实质就是"对具有相似基因的人，通过提供相似的培养教育条件和环境（培养教育），从而产生相似的结果（人才）的一种社会活动[①]"。简单地说，教育就是培养学生的某种相似性。教育的目的就是在人类现有技术、科学、社会、文化成果的基础上的继承发展与创新。人类在进入文明社会的初级阶段就已经开始运用相似现象为自身和教育服务，如在符号和形象的基础上进行相似联想发明了文字，使得中华文明的文化代代相传、生生不息。直至今日，教育内容依旧包括了学习传统文化的部分。虽然不同的时期表现的形式有所差异，但本质上是相似的，是对传统文化的相似传承与创新。当今社会要求高等教育培育一批优秀的社会主义合格的建设者和可靠的接班人，就是要求培养与革命前辈有着相似的优良品质、与社会中优秀人才有着相似能力的学生。因此，为了培养出同样优秀的人才，社会需要为高等教育提供风清气正、积极向上、自强不息、知难而进的氛围，积极创造对学生成长有益的条件和环境。

[①] 赵柯. 相似论在大学生思想政治教育中的实践应用 [J]. 教育理论与实践（学科版），2011，31（12）：33-34.

（二）重视辅导员与学生知识结构的相似性

当代大学生由于受到先天遗传因素、后天家庭生活环境等因素的影响，与父母保持某种相似性。中小学的教学理念也影响着他们的认知和行为模式的相似构建，加之社会大环境的变化，使得现在学生的思想特征、思维方式、心理特点和以往学生大有不同。因此，怎样才能使学生形成正确的"三观"，让学生健康成长，培养学生科学思维，是高等教育面临的新问题。笔者认为，做一个政治强、业务精、作风正、纪律严的辅导员，首先需要满足一个前提条件：辅导员必须与学生知识结构保持相似。与学生知识结构相似包括两个方面：一是熟练掌握思想政治教育相关知识结构，保证对大学生进行思想政治教育的有效性；二是学习把握所带学生专业知识结构，保证对学生进行就业创业指导的实效性。《普通高等学校辅导员队伍建设规定》明确提出，辅导员必须具备丰富的理论知识，包括马克思主义中国化理论，思想政治教育专业基本理论、知识和方法，以及思想政治教育工作相关学科的基本原则和基础知识。

但实际上依然存在大量工科学科背景人员担任辅导员，包括物理学、化学、生物学、土木建筑学等。因此，高校需要重视辅导员与学生知识结构的相似性，细化选拔标准，加强对辅导员的再培养。

（三）注重把握学生个体及其需要的相似性

高校承担着为社会提供优秀人才的责任，而辅导员是学校的一支重要力量，长期以来一直忙于学校的日常事务工作。如何从烦琐的事务性工作中脱离、提高工作效率是辅导员工作研究的一个重点，也是一个难点。随着互联网时代的到来，高校辅导员面临着新的发展机遇。互联网引入教育领域后，辅导员的工作模式发生了改变，以前必须和学生"面对面"交流才能把握每个学生的思想动态和需要，现在"化繁为简"可以通过互联网快速解决学生诉求，在一定程度上提高了辅导员的工作效率。网络是学生获得信息的一个主渠道，同样是高校辅导员获得学生诉求的一个信息搜集平台。每所学校都有属于自己的学工系统，里面详细记录了每个学生的基本信息和学习情况。高校辅导员除了平时通过浏览学生朋友圈零散地了解学生的思想动态和需求以外，还应该善于利用这些网络平台的信息，将这些信息转化为一个个具体抽象的数字，对其进行处理，对不同学生的相似现象进行详细的分析与记录，总结学生间的相似规律，包括注重学生个体之间的相似性、了解不同学生需求的相似性、重视培养学生思维的相似性、把握培养学生的相似规律。再按照某种相似性或相似关系将所带学生进行分类，在归类后对每个类别的学生进行细致的分析，最后进行综合优化，从而把握学生间的相似性，对学生进行全面了解。

（四）充分理解知识的获得与学习的相似性

在大学生知识获得与学习能力的提升上，相似理论强调了教师、教材和大学生的思想的共鸣，注重引导大学生发现知识间的相似点。获得知识的途径有两种：一是教师课堂上按照教学任务进行教授，学生被动地接受知识。二是学生根据自己的兴趣，积极地进行研究。学生通过中枢神经来识别和了解外部输入的信息，就是本书前面提到的"相似块"。若新知识能够与学生大脑中的"相似块"信息匹配，学生便可以快速地吸收消化新知识。反之，学生就会很难理解和把握教师讲授的新知识。在这样的环境中，必须有记忆，再慢慢消化吸收，储存在人类的大脑里。如此循环往复，大脑中的"相似块"得到大量的积累，学生才能对外界的输入信息进行相似匹配、相似激活，从而根据这些"相似块"对不同的客观事物进行比较分析，方能有所感悟、有所发现、有所创造，学会真正的学习。因此，知识的获得和学习是有相似联系的，学习就是获得知识和运用知识之间相似关系的能力，学生掌握的知识越多，越能发现事物之间的相似联系，学习思路越明确，学习效果就会越好，才能真正做到"举一反三""触类旁通"。

三、基于相似论加强高校辅导员工作实践的思考

（一）由此及彼，躬行践履，优化辅导员队伍建设

相似论的相似现象和相似本质的关系告诉我们，学习、生活和工作中存在许多的相似现象，虽然其相似的基因是隐蔽的，但是可以通过人类的大脑基于相似性进行自动匹配，发现它们之间的相似关系。学校可以了解现在的学生在哪些方面容易出现问题，按照学生需要安排辅导员为其提供相应的心理、就业、创业等咨询服务。辅导员承担着高校大量的事务性工作，承受着巨大的心理压力，经常加班加点，所以高校辅导员流失现象严重。

根据相似性在人类大脑中的自动匹配可知，学生工作需要辅导员的人文关怀，辅导员也需要来自学校的人文关怀。因此，学校应该做到"由此及彼"，

一是为辅导员提供心理辅导和心理咨询的帮助，定期为辅导员组织和开展心理解压和心理辅导活动，在放飞心灵的同时提升辅导员心理素质与技能，可以更好地应用在学生心理辅导工作中。二是学校为学生提供教育、心理、就业、党建等方面的服务，在学校设立教务处、心理健康咨询中心、就业处、组织部等部门，按照这种相似现象得出的本质，更有利于提供精准的服务和各功能专业化优势的发挥。按照高校辅导员工作的职责进行相似设置，学校也可以探索建立基层专业辅导员队伍，分为主管心理健康、就业指导、思想教育、专业学习等具体类别的高校辅导员队伍。而不是现实工作中同一个辅导员管理学生所有方面，并兼职学院的心理指导教师、就业指导教师。这样分类设置辅导员队伍，不仅可以更好地集中、专业地管理学生，也有利于辅导员队伍专业化的发展。

辅导员需要做到"躬行践履"。经常会有学生问自己的辅导员"老师，您是什么时候考过的四六级、获得过几次国奖、发过什么文章"等问题。学生是想通过辅导员的回答得到一些启发和感受榜样的力量，想保持和辅导员相似的追求和向往。因此，辅导员只有努力提升自我，真正做到言传身教、知行合一，才能和学生心灵之间建立一种相似的振动，引导学生进行相似运动和相似创造。

（二）因时而进，因势而新，提升互联网运用技术

事物之间的相似性越多，相互联系越频繁，产生的相似共鸣也会越多，相互影响的作用也会越。因此，相似论要求教育主客体之间要保持相似性。教育工作是一门科学，具有实践性、规律性和时代性。高校辅导员除了需要加强和学生之间的知识结构相似，"因材施教、因时制宜、因势利导"以外，随着网络日新月异的发展，更需要辅导员和学生使用相似的网络媒介，使用和学生相似的网络语言，不论是微信、QQ、易班等网络媒介，只要是学生喜爱的，都要充分利用其优势及特点，以情感认知为纽带，提升互联网运用技术，加强网上思想政治教育的时代性、感染力，具体要从三个方面着手。

1.善用朋友圈

网络媒介的朋友圈有点赞、评论和分享三种功能，可以和通过认证的朋友进行信息交换与共享，在线上获得朋友的认可、建议和情感上的相互支持，也渐渐地将自己的学习生活置于与他人相似的环境之中。比如，某一学生在朋友圈分享打卡记单词、打卡阅读，获得了辅导员的点赞和转发后，其他同学也会开始相似的行为，从而增加两者之间的相似联系，培养良好的学习习惯。

2.善用学生群

高校辅导员为了便于管理学生，会建立不同类别的学生群。学生群一般用于通知各类消息，其他时候则相对比较安静。高校辅导员在创建学生群的时候，应该提前和部分优秀的毕业生进行交流，征得同意后邀请他们进群。因为新生与学长学姐的经历、学科背景都差不多，学生更倾向于听从学长学姐的意见，可以激发学生之间的相似知识的交叉、碰撞，与前者相比可以将事情做得更好，辅导员的工作也相对减轻。

3.善用公众号

高校辅导员要加强自身的理论与实践的研究，要求参加学术交流和申请科研项目，平时需要记录、思考和总结学生工作中的问题。建立一个公共账号可以解决所有的问题，可以将平时的所思所想和工作事例进行编排成文，也可以将学生非常关注的学校实习管理制度、实践基地、校企合作相关情况以及创业、就业、考研成功的优秀案例等以推文的方式推荐给学生阅读，从而引发学生的思考，主动构建符合实习单位的相似功能，学习优秀案例中主人公的相似方法，达到教化学生的作用。

（三）因材施教，寓教于乐，增强教育教学有效性

教育方法和课程的设置、教与学的方法不仅要与人类的大脑神经、心理、生理的不同认知阶段和发展规律相似，而且要与社会发展的规律相似。因此，辅导员在教育教学中一定要做到"因材施教"，学会运用相似理论引导教学法。第一步，需要充分了解教学对象的基础。了解当代大学生思想活跃、个性鲜明、追求独立，以及做事拖拉、抗挫能力差的特点。第二步，需要用相似性激发兴趣。这就要求教师的教学内容必须与学生所掌握的知识相结合、经历相匹配，将比较复杂的教学内容转变为相对简单的、易于学生接受的、学生喜闻乐见的行为、语言开展教学活动。因为外界输入学生大脑中的信息和原有知识具有相似性，能够引发学生对这一信息的注意，一旦与之前的"相似块"匹配成功，大脑则会迅速地形成新的"相似块"，激活相应的化学物质，让它们变得

更加活跃，使得学生积极主动学习，激发学习兴趣。第三步，认真研究教学办法。一方面，认真研究教学切入方法，根据教学性质和内容，合理设置问题，积极营造课堂氛围。另一方面，教学中聚焦大家普遍存在的问题，把大部分具有高度相似性的学生汇聚在大体相似的焦点上，让他们相互引导、相互启发、共同进步。第四步，巩固课堂教学成果。对教学活动及时进行简单的评价，以鼓励为主，指出不足与解决办法。第五步，正面引导学生从固有的知识向新知识的有效迁移，假设固有知识和新知识没有直接对应的"相似块"，则需要辅导员找出既与固有知识相关，也与新知识相关的"相似块"，再次巩固教育教学成果。

良好的情绪和心理因素对于增强教育教学有效性会产生重要影响，需要辅导员学会"寓教于乐"，不能将教育和教学作为一种"苦差事"来对待。

辅导员首先自己要觉得很快乐，充满激情，学生通过辅导员的言行会感受到相似的情感。同时，可以通过设置一些娱乐性较强的教学手段和创设富有情趣的教学情境，建立辅导员与学生内在情感方面的相似性，从而调整学生与辅导员的相似关系。

（四）学用结合，启发诱导，实现服务指导精准化

当代大学生对于事物的认识和对错有着各自的看法，对辅导员硬性要求的事物非常有主见和看法，不太愿意接受辅导员直接要求他们去做的，也不认为辅导员要求他们做的事就是对的。高校辅导员工作实质上是做人的工作、做学生思想教育的工作，所学所长都和思想政治教育有关。思想政治教育的一般方法中的疏导教育法告诉我们与其告诉学生对错，不如告诉学生这件事情是什么、以前是什么样的、现在又是怎么样的，不带主观色彩地去告知学生，激活学生大脑中的所固有的相似块，让学生自己去评判这件事情。在正面引导的基础上，激励学生动手实践、学做合一。最后，再告知辅导员自己这样去做的原因是什么、得到的启示是什么，不论结果成败，至少辅导员和学生都真正做到了学用结合。在具体问题中，还能激发学生认真思考、主动探索、寻找类似的活动和类似的关系。比如，辅导员在实际的工作中，经常会因为学校或者学院的规定，不论学生愿意与否，直接安排学生参加各种比赛和形形色色的讲座，忽视了学生是不是真的需要这样的服务与指导，其实这样就意味着正面向学生灌输了辅导员要求做的事情都是对的，与"学用结合、启发诱导"的目的背道

而驰，也使得学生对辅导员工作产生不理解与不满的情绪，甚至不再听取辅导员的安排与建议。造成这种现象的原因在于没有对学生按照需求的相似性进行分类，所以需要在大数据分析得出的相似现象下，根据学生的具体需要去合理安排，在完成学校任务的基础上，实现服务指导精准化。

第七章 高校辅导员职业化发展路径

第一节 高校辅导员职业化发展的动力机理

一、辅导员职业化动力机制构建的组织视角

（一）提供持续的组织承诺

具有专门知识和技术的人，在从事具有创新性和挑战性的工作时，由于其具有很强的搜集和获取信息的能力，因而他们会主动地将自己在单位所得到的薪酬与在劳动力市场上相同性质的人的工资水平作比较。这样，他们就可以把自己所得到的实际报酬、组织公正程度、组织支持水平与自己的期望相比较，从而形成自己的组织承诺。

因此，期望理论能够对知识雇员的组织承诺进行合理的解释。首先，在进入组织前，雇员会有一个理想的组织期望。进入组织之后，他们会把自己的期望和实际情况进行比较。情绪倾向性是通过比对的结果来判断的。然后通过期望与现实的比对结果和情感倾向来形成机构的义务。它的形成过程，如图7-1所示。

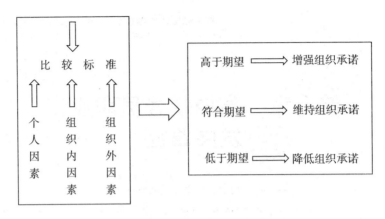

图 7-1　知识雇员的组织承诺的形成

1. 辅导员组织承诺的前置因素

辅导员组织承诺的前置因素包括工作因素、组织因素和个体因素。辅导员的工作要素包括工作难度、工作积极性、工作关系、岗位设置、目标难度等。辅导员的组织要素有管理行为、公正感、组织文化、组织支持、任务明晰等。辅导员的个体因素包括户籍、年龄、性别、工龄、婚姻状况、教育程度等。

2. 辅导员组织承诺的结果变量

辅导员组织承诺的结果变量中，员工的离职行为与工作绩效是两个重要的因素。辅导员的离职行为有出勤率、工作变动、工作意愿改变等。关于辅导员的工作表现与其组织承诺的关系，目前仍有争议。

（二）组织公民行为的行动自觉

1. 学校组织公民行为

教师在从事本职工作时表现出来的超越自身角色的资源帮助同事和学生的行为被迪保罗等称为教师组织公民行为。台湾学者郭维哲、方聪安将教师组织公民行为界定为学校教师以超越正式规定的期望标准、自发性表现出有利于学校、同事与学生的美德行为，包括了组织公益行为、人际利他行为以及教学公益行为三部分。

组织公益行为是指超出组织预期、超额完成对学校有益的公民行为；人际利他行为是大学教师在工作中对同事有利的一种行为；教育公益行为，即高校教师在教学过程中自觉地投入学生工作。

2. 大学生辅导员的公民行为维度

当前，组织公民行为的量表主要采用了基于奥尔根（Orgon）五维化结构量表，摩尔曼（Moorman）和布拉克利（Blakely）对其进行了改良，它包含了人际关系、个人努力、个人进取精神和责任感。最具代表性的是 1988 年奥尔根（Orgon）发展的五维化结构量表，大部分的量表都是基于这个量表进行了修订。本书以厦门大学林澜教授编写的《高校教师心理契约与组织公民行为调查问卷》为基础，通过对中国高校辅导员进行量化分析，认为中国高校学生的心理契约与组织公民行为之间存在着三种联系：人际和谐、工作积极、促进学校发展。表 7-1 给出了具体的解释和维度。

表 7-1　我国大学生辅导员的公民行为维度释义

辅导员组织公民行为	具体含义
人际和谐	在人际交往中，辅导员具有帮助同事、增进人际关系等利他行为
工作积极	辅导员在教书育人中所表现出来的奉献精神，如利用自己的资源积极地帮助他人
促进学校发展	辅导员超出了学校的正式规定，自发地做出一些对学校有益的事情，如提升学校形象、忠诚、积极主动、自我发展，等等

（三）职业化动力的组织开发

要促进辅导员职业化动力的组织开发，就必须积极承担起培育社会主义建设者和接班人这一光荣任务，按照标准性、保障性、发展性和激励性目标强化政策推动，保证辅导员干事有平台、生活有保障的利益调动，确保辅导员干事有动力，通过"让一部分人先职业化起来"的榜样带动，以及重视发展性评价的评价激励，对辅导员进行有计划的职业发展。

有组织的辅导员生涯发展，就是指导、协助其建立符合其发展战略取向的专业发展之路，其基本目标是使辅导员与工作之间达到完美的融合和匹配，从而发挥辅导员知识能力、改善辅导员职业态度、开发辅导员创造性思维、提升辅导员工作绩效等。

有组织的辅导员生涯发展要与组织、社会发展相结合，突出辅导员个人发展与组织发展之间的均衡。实现辅导员个人发展与组织发展相结合的基本原则：（1）以人为本原则；（2）公平原则，组织实施公开、公平、公正，辅导员有平等参与开发活动的机会；（3）共同原则，指的是组织和辅导员的共同参与、共同制订、共同执行、共同完成；（4）坚持创新原则，提倡新的思想、新的问题新的解决方法；（5）全面评估和反馈的原则，对整个过程进行全面的评估和反馈。

在指导思想政治工作中，组织应做到以下几点：（1）为辅导员制定方向和发展战略；（2）协助指导员进行工作分析，编制工作组织架构，对工作重点、范围、权限、内容等进行分析，并编制工作概要；（3）了解辅导员个人发展需要，包含婚姻状况、年龄、学术论文、专利、科研项目、工作经历、薪水待遇等。

组织协助辅导员的生涯发展因素包括：（1）对其专业素质的理解，对其劳动质量、劳动数量、可靠性、判断力、合作素质和沟通能力进行评价，发掘并确认辅导员自身的素质与能力，防止晕轮效应发生；（2）确认辅导员的个人专业兴趣，并与其进行交流；（3）要充分考虑辅导员的个人能力、兴趣、经验；（4）与辅导员进行交流，协助其制定自己的事业发展方向。

在辅导员的生涯发展过程中，组织实施了以下几个方面内容：（1）对辅导员的职位进行分析，利用工作调查表、工作分析调查表、重要事件调查表、职务分析访谈等方法，获取高校辅导员工作所需的基础资料；（2）通过对辅导员的基本素质进行评价，通过对其个性、智力、兴趣、管理、一般能力等方面的综合评价，对其进行全面的认识；（3）全面分析辅导员的长处和短处，使其充分发挥长处；根据存在的问题制订训练计划；根据辅导员的工作特点对岗位进行分析，并制订工作方案。

二、辅导员职业化发展动力机制的改进建议

（一）变辅导员"身份管理"为"契约管理"

在高校人事制度改革中，"合同聘任"是辅导员工作的核心内容。合同的第一要素是双方的平等，这是人类自由意志的产物。传统的契约观念认为，契约自由是人类社会发展的基础。新古典理论把传统的合同自由视为个人的自由，把合同看作是个人的交易和个人的合同。麦克尼尔提出了"关系契约"这一现代契约观念的理论依据。现代合同理论将完整合同与不完整合同区别开

来，同时对显性合同与隐性合同进行了区分。

（二）重视辅导员"显性契约"和"隐形契约"

辅导员是学校中的一员，同时担负着三个功能：教书育人、科学研究、社会服务。辅导员的"显性契约"仅能强制执行最低限度的需求，而辅导员的责任分散，使其工作的范围远大于一张合约或职位描述。作为"好教师"的辅导员对工作的要求也绝不局限于履行自己的职责。教书育人是一种传道、授业、解惑的活动，旨在让该学生形成一个健康、积极的心智。科研工作是一项以创造为主要内容的繁杂工作，而辅导员的社会服务工作又是最难界定、最不明确的一项。因此，必须建立在信任、默契、共识和认同等"隐形契约"的基础上。

（三）重视辅导员组织中的公平感

公平包含了结果分配的公平和诉讼的公平。亚当斯的分配公平理论指出，每一个雇员都会通过与他人比较其投入与汇报的比率来确定他们的分配是否公平。

福尔杰（Folger）和格林伯格（Greenberg）指出程序公正是指在决策作出的过程的公正感。奥尔根（Orgon）认为，公正感与组织公民行为之间存在着因果关系。劳耶（lawye）和黑尔（Hare）指出，当个人知道自己的努力可以获得预期的工作绩效时，他就愿意在工作上投入。[1]福尔杰和科内夫斯基研究显示，程序公正比分配公正更能解释员工的组织承诺以及对管理层的信任关系，而分配公正在报酬的满足上，比程序公正有较大的影响力[2]。

（四）注意提升辅导员工作的满意度

克赖德纳认为，工作满足是指一个人对他工作的全部或各种层次的感情或情感的反射。有两种常用的测量工作满足感的方式：一是由韦斯托尔开发的"明尼苏达满意度调查表"，它包含了"内在满意"和"外在满意"两个层次。二是史密斯、肯德尔和于兰开发的工作描述指数（JDI），这一量表主要要求被测试人员从工作本身、工资、晋升、管理（监督）和同事五个方面来评价他们的满意度。

---

[1] 赵红灿. 高校辅导员职业化发展路径研究 [D]. 北京：中国矿业大学，2017.

[2] 王禹. 高校辅导员嵌入心理咨询工作的"两难选择"及破解对策 [J]. 山西师范大学学报（社会科学版），2014（S5）：227-228.

第二节　高校辅导员职业化发展的绩效激励

根据马克思关于劳动的基本形态、流动的劳动和凝固的（物质）的劳动的划分，辅导员劳动的潜能可以在特定的劳动中转变为流动的劳动，并凝结为物质的劳动。辅导员工作的特殊性在于其立德树人的"成人"教育特征，是"物化"与"人化"的统一。

辅导员工作业绩的评估和反馈，可以根据"人的需求—压力—动力—寻找行为—满足—紧张—减少—新的需求"的内容机制，以及"个人努力—个人业绩—组织奖励—个人目标—组织目标"的激励过程机制，从而有效地通过绩效激励来平衡辅导员个人绩效和组织绩效的张力，使辅导员主体价值追求与组织目标实现合理兼容。四个基本的逻辑前提：一是正确理解辅导员自身绩效的客体化价值凝聚模式；二是科学地认定辅导员的劳动价值；三是评价过程公平感好，评价结果满意度高；四是绩效激励措施应结合辅导员人力资源管理和职业生涯发展予以系统考虑。

一、高校辅导员绩效激励的理念构建

科学的人性预设、理性的评价理念和评价目的是保证辅导员工作正常开展的基本条件，合理的评价对象、评价标准、评价工具、评价方法是辅导员评价工作正常开展的基本条件，评价结果的正确使用能够保证辅导员工作积极性、主动性、创造性的最佳发挥。

（一）"现实的人"的绩效激励起点

了解辅导员人性特点是构建科学、合理、有效的激励体系的前提，以"现实的人"为绩效激励对象的人性预设可以很好地实现管理控制和激励信任的平衡。

1. "理性人"与"道德人"相结合的人性预设

在传统的辅导员价值前提下，辅导员具有"道德人"的人性前提。他们的理想信仰要立足于国家的前途、命运，要在全校工作中贯彻执行。辅导员要成为学生政治上的引路人、生活上的贴心人、心理上的开解人、学习上的引导

者，不需要对"纯道德人"和"超道德人"的人性进行评判。

"道德人"的"毫不利己、专门利人，只讲道义、不讲利益，只讲责任、不讲权利"形象，在计划经济时期是非常必要的。当时的社会价值观注重的是人性的通用性，而"政治顾问"的前提和特殊的称谓，决定了个人的发展要服从于组织的安排，体现了"道德人"以国家利益和集体利益为生。

2. 考核思想强调管理控制和激励信任的有机统一

道格拉斯·麦格里格在 X 理论和 Y 理论中提出了人类的假设。X 理论认为，人的本性是负面的，与 X 理论相符的人，天生就讨厌工作，没有上进心，总想着推卸责任，没有安全感，所以就得通过处罚来强迫他们达到自己的目的。Y 理论认为，人的本性是正面的，与 Y 理论相符的人将工作看作是自己的职责和快乐。他们勇于担当，有良好的自我指导和自控能力，具有很强的主动性和创造性。

而在建立辅导员评价和奖励制度时，我们要根据 X 和 Y 两种不同的理论来评价辅导员，这个问题非常重要。因为评价的主体是以管理控制为主，还是以激励信任为主，直接影响到整个组织的运行。传统的辅导员评价体系以行政手段为主，侧重于监督和控制，与泰罗的科学管理思想相似。评价是一种监督和控制的方法，辅导员必须与特定的工作相结合，而评价体系则是对这种目标体系、实施标准、实施步骤的反馈和回溯。

评价思想可以使辅导员改正不良行为，但要使其产生正面的行为，必须鼓励和信任。辅导员的激励机制包括对"需要"层次的教学内容的研究，如马斯洛的需求层次理论、赫茨伯格的双因素理论、麦克利兰的需求理论；主要从心理过程、行为取向、过程动机等方面进行了探讨，如弗鲁姆的期望理论、洛克的目标设定理论、亚当斯的公平理论；主要从挫折理论、强化理论等方面对如何引导辅导员纠正不良行为、强化正面行为进行了论述。

在现代人力资源管理思想中，激励与管理是不可分离的。激励管理是一种激励机制，如奖励、晋升机会等都能促进辅导员的积极性。激励管理是一种团队文化、培训机会和自我实现的引导机制。当然，激励管理也是一种压力制约和淘汰机制。辅导员考核制度不仅是对其进行监督和管理的一种工具，更是一种激励措施。在考核过程中，要充分体现对其的信任和支持，从而提高工作效率，增强辅导员的满意度。

（二）绩效激励的"以人为本"内涵

1.将质量行为与效果评估相结合的标准设定

职业生涯规划理论认为，职业生涯分为外部和内部两个阶段。外部工作包括工作时间、地点、职位、收入等；内部职业生涯是指知识、素质、观点等因素的综合作用，并在此基础上形成各种因素的变动。

辅导员考核的评价依据是效果主导型、品质主导型、行为主导型。其中，效果主导型注重工作成效，注重"干了什么"，评价注重结果而不注重行为，注重业绩而不注重过程，考核指标易于确定，考核过程易于操作。品质导向评价以学生工作的质量为导向，以学生的素质为导向，以学生为本，以忠诚、自主、自信等词汇进行定性，但可操作性不强。行为主导型是指辅导员的工作表现，着重于"干什么"和"如何去干"，注重过程而不注重结果，考核指标易于确定，考核过程具有可操作性，适合事务性工作考核。

在素质导向评价的内容上，重点考察了辅导员的基本素质，重点在培养"什么样的人"。辅导员的工作要求：政治觉悟高、业务熟练、纪律严明、作风端正，也就是德才兼备，乐于奉献、潜心教书育人、积极投身高校思想政治工作。辅导员的基本素质包括思想政治素质、道德素质、理论知识素质、心理素质、人格魅力五个方面。

在以能力为导向的考核内容上，重点考查辅导员的能力，着重于其所能做的事。能力是指一种潜在的能力，它可以让一个人更好的工作，包括工作的动机、品质、性格、态度、行为等。《教育部关于加强高等学校辅导员班主任队伍建设的意见》指出，专职辅导员应关心热爱学生，善于做好大学生思想政治工作，具备较强的组织管理能力、群众工作能力以及语言和文字表达能力。此外，辅导员还应具备教育教学能力、组织管理能力、服务辅导能力、政策执行能力、调查研究能力、语言表达能力以及使用新型工作载体能力等。

在影响导向评价内容方面，以辅导员的工作成效为导向，注重辅导员"怎样做"。从目标、价值凝聚等客观特点出发，提出了辅导员工作内容要注重学生的发展层次。综合来看，主要包括课堂教育与专题教育、生涯设计与就业指导、组织建设与骨干作用发挥、帮困助学与心理健康教育、学风建设与文明宿舍创建、素质测评和评优工作、社会实践和青年志愿者、校园文化与科技创新活动、信息与宣传工作、校园安全稳定工作。

　　辅导员的业绩评价要注重结果和过程相结合。工作评价是促进高校发展、提高高校辅导员自身素质、促进学生发展的终极目标，要重视对辅导员工作中各种影响因素的分析，在此基础上，将工作特性作为考核指标之一。

　　辅导员所做的工作，在短时间内是很难量化的，即短期内无法取得期望的结果，甚至有可能因为某些不可预知的原因，而造成效果并不理想。因此，仅以工作成果为依据进行辅导员的考评，不免有失公正，也是对其工作的极大不尊重。

　　2. 目标管理重工作本位与以人为本相结合

　　目前，我国高校辅导员评价制度大多以学生工作为对象，将其作为一种评价手段或一种监督手段。因此，在制订辅导员工作目标时，往往会将工作划分为工作本位，忽视了工作任务的承担者。这是一种错误的认识，它的出发点在于使辅导员提高工作的效率和满足感，而不是为了给辅导员增加压力。目标管理强调"人"与"物"的有机统一，以"双向交流"取代"强制约束"，以激发"自我约束""自我突破"的动力，达到"有效"的目的。

　　斯内尔提出了三种人事安排模式：人事匹配型、战略实施型、战略形成型。这三个类别均以不同的方式存在于辅导员的工作中。人与事相配是一种以任务为导向的配置，只要通过传统的工作分析和任务描述就可以实现。但是，个人的积极性很低，如帮助学生、就业指导等。战略实施型以目标为导向，这时目标是已知的，但实现方法由员工灵活掌握，如理想信念、爱国主义、公民道德、素质教育等。战略形成型是以使命为导向，这对环境高度不确定，只有清晰的使命却无具体的目标，如建设和谐校园。如果辅导员的考核制度是以工作为导向的，辅导员就是一种不需要发挥自身积极性的人，也就是学生的保姆、职能部门的勤务员、学校的服务员。造成辅导员在工作成败概率不确定、见效周期长、成果无形化时，选择短期职业行为。激励理论是由心理学家弗雷德里克·赫兹伯格提出的。他认为，影响人们行为的因素主要有两类：保健因素和激励因素。组织政策、人际关系、工作环境、薪酬被称作保健因素。该因素能起到保持人的积极性、维持工作现状的作用，但无法激发学生的积极性。成就、认可、工作、责任和晋升都是激励因素，而要想激发辅导员的工作热情，必须着重于内在的奖赏。

二、高校辅导员工作绩效管理制度的构建

（一）建立辅导员工作绩效管理系统的基本原理

首先，要有明确化、公开化的原则。辅导员的考核标准、考核程序、考核职责等都要有详细的规定，在发布后向所有辅导员公布，让辅导员能够理解和接受。其次，综合评价原则。第一，考核内容要全面，要反映出辅导员的基本素质，如工作能力、工作实效、加减分等特色工作评价。第二，评价目标的综合性，包括自我评价、领导评价、同事评价、学生评价等。再次，系统化的原则，即对辅导员的评价方法进行辩证思考，综合运用辅导员的考核方式，包括坚持物质奖赏与精神奖赏的统一，注重精神奖赏；在内部激励和外部激励相结合的基础上，注重内部的激励；坚持正面和负面的评估、积极的引导。最后，可比性原则。一般而言，客观评价与量化评价具有很大的可比性，如将辅导员按照工作的性质划分为五个小组，进行小组内的相互评价。一是为了让测评者更好地评估；二是评价内容要一致，具有可比性。

（二）辅导员考评指标

辅导员考评指标体系分为三个部分，如表7-2所示。

表7-2　辅导员考评指标体系

评价类型	考评模块	一级指标	二级指标
模糊评价	第一模块	基础品质	五大类：思想政治素质、理论知识素质、道德素质、心理素质和人格魅力
		工作能力	教育教学、组织管理、服务辅导、政策执行、调查研究、语言表达及新型工作载体能力
		工作效果	主要内容：班级教育、专题教育、职业生涯设计、职业生涯辅导；网络建设与功能的发挥、助困、心理卫生、学风建设；文明寝室、质量评估、优秀学生、青年志愿者；社会实践、学校文化、科技创新、信息安全与宣传十个二级指标
精确评价	第二模块	加分、减分	加分一个二级指标（根据学校特点细分）减分一个二级指标（根据学校特点细分）
组织评价	第三模块	特色工作	特色工作二级指标（由辅导员根据自我的工作特色来提供）

（三）确定工作评价方法

评价方法应简单易、便于实施。为了达到定性和定量相结合的目的，评价主要分为三个模块：模糊定性评价、精确定量评价和组织评价。模糊定性评价是对辅导员进行全方位的评价，包括自我评价、领导评价、同事评价、学生评价等。精确定量评价采用精准量化的评估方法，辅导员通过加分或减分的形式提交到考核体系中。组织评估是指在评估体系中对辅导员个人申报的特色项目进行评估。

（四）建立科学的考评程序

根据上述三种评估结果，对优秀辅导员和十佳辅导员进行了评比。评估的过程，如图7-2中所示。每年由辅导员进行年终总结，由辅导员根据工作任务完成年终总结，填写加减分表，并提供相关资料。

模糊定性评估：辅导员根据《辅导员工作考评调查表》，对所带学生、同事、领导进行评价。

分组抽样：由一年级、二年级、三年级、四年级、其他五个小组进行评审。同事评价包括组内辅导员评鉴与院系辅导员评鉴；学生评价由辅导员所在年级随机抽取2个班（每个班20名），由党委、政府对所有不带班的辅导员进行随机抽样。

主管部门：宣传部、学生处、团委等部门组成。

评审：由学校办公室会同有关单位核准加分、减分，综合评价、领导评价、同事评价、同学评价等评价指标。

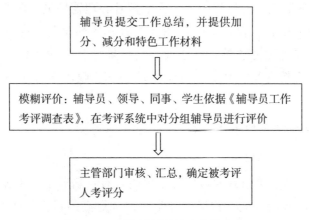

图7-2 高校辅导员综合考评步骤

179

（五）正确对待和合理使用考评结果

评估的结果有三种。

结果一：对一级知识的 22 个二级指标进行了分类评价。以自我评价得分、同事评价得分、领导评价得分、学生评价得分、二级指标单项得分情况，让辅导员对自己的优势和劣势有更清楚的认识。

结果二：第一模块的总成绩。公布辅导员个人在团体中的整体排名，这样每个人都可以对自己的综合能力有一个全面的了解。

结果三：第一、二模块的总成绩。公布辅导员个人在各辅导员中的名次是衡量其年度考核、晋升（职）及表彰的主要依据。

综合以上评定，分为四个级别，即优秀、良好、合格、不合格。每年考试成绩优异者，可参加"十大辅导员"的评选。一次考核不及格的人，实行警告谈话，为期六个月；经两次考核不合格的，按照学校人事制度的有关规定，调离专职辅导员职务。考核成绩归档，辅导员个人如有意见，可向学校提出复审，复审的结果将作为最后的结论。

第三节　高校辅导员职业化发展的保障机制

一、高校辅导员的专业定位与专业基础研究

辅导员在学生成长的过程中，主要承担着心理辅导员、职业指导者、职业经理人、科研工作者、教育工作者和服务者等多种角色。高校辅导员是一项需要具备专业技能和方法的特殊职业。高校辅导员的职业化也离不开马克思主义、思想政治教育学、高等教育学、社会学、政治学等学科的不断发展和完善。

（一）高校辅导员的工作内容

1. 对大学生价值观的指导

辅导员对大学生价值观的指导的主要内容有：培养学生正确的世界观、人生观、价值观、政治方向；积极引导学生追求更高的目标，建立自己的信念，以实现中华民族的伟大复兴；培养大学生树立共产主义的崇高理想，坚持马克

思主义；做好党团建设、培养学生骨干等。

2. 培养学生的品德

培养学生的自尊、自爱、自律、自强等良好的心理素质，培养学生克服困难、经受考验、承受挫折的能力；加强思想政治教育、道德教育和美育工作。

3. 掌握大学生的政治思想状态

要根据学生关心的热点问题，对其进行引导、教育，以应对突发事件，化解矛盾，维护学校的治安。把党的路线方针政策和路线教育与工作紧密联系起来，加强高校学生的思想政治工作。

4. 培养大学生的自强意识

做好资助育人工作，完善勤工助学制度，落实国家资助政策，帮扶经济困难学生顺利完成学业；在对困难学生的扶持中，培育起他们的自立自强、艰苦奋斗的精神。在日常工作中辅导员运用专业知识，在日常服务管理、心理咨询和道德教育等方面发挥作用。

5. 对学生精神卫生的重视

目前，高校心理健康工作任务繁重、压力大，现有的心理健康辅导员已不能胜任目前的工作任务，必须建立健全三级心理健康工作网络。第三层次的心理健康教育三级网络体系包括三种类型：一线辅导员、心理健康顾问、心理咨询师。心理咨询人员应具备相应的职业资格证书，并持有相应的执业证书。一线辅导员可以更好地了解大学生的心理状况，及时发现他们的心理危机，但缺乏专门的知识和技能来解决问题。心理健康顾问具有较强的专业知识和技能，与心理咨询师相比，更接近于学生，可以在第一时间介入，实施危机干预、进行心理辅导。

6. 为大学生提供更好的就业指导

目前，我国高校毕业生就业形势严峻，高校辅导员要积极应对，迎难而上，加强对大学生就业的指导和服务，为大学生提供有效的就业指导、职业规划、咨询服务，使其形成良好的就业观念。要想更好地进行职业生涯规划，必须具备与人力资源管理有关的理论知识，并取得职业指导和创业顾问的资格。

（二）高校辅导员的专业发展

在学生成长的过程中，作为教育者、管理者和服务者的辅导员应该把服务学生放在首位，充分体现"以学生为中心，以服务为中心，以系统为中心，一切为了学生、为了所有的学生"的办学理念。辅导员直接与学生打交道，直接面对学生，处于学生工作的最前线，能及时了解学生的心理动向，了解学生关心的热点问题。同时，辅导员能及时向学校报告学生的重要信息，让各相关部门、领导能够及时了解学生的总体情况。辅导员还是各项政策、各职能部门工作的实践者，可以将政策和工作要求及时传达给学生。辅导员也是师生间的"桥梁、中转"，对师生关系起到了很大的促进作用。

1. 心理辅导员

大学生群体处于青年期，这个时期是一个人的心理发展和情绪波动最剧烈的时期。大学生群体是社会、家族对其寄予厚望的群体，而在社会转型的今天，他们也要面对来自社会的种种诱惑。当代大学生凸显个性、追逐潮流、个人发展愿望被时代放大，自主性增强。要适应新时期高校思想政治工作的新特点，辅导员必须具有相应的心理辅导员素质。

2. 就业顾问

一种职业是一种生活的道路，而一份工作的质量则影响着一个学生的生命与未来。职业辅导员是一种对职业生涯规划理论和方法进行系统的研究，并对学生进行科学指导的职业。高校辅导员要帮助大学生进行职业生涯规划，要注重学生的差异性，有针对性地进行工作，提高工作效率。

3. 专业管理人员

目前，每名高校辅导员所管理的学生数量已达 200 余人。在这样一个庞大的社会团体中，如何进行有效的管理就变得非常关键。

高校辅导员要有一批有能力的学生中坚力量，要有自己的管理团队，要善于运用有关的管理理论与实际技能，发挥好管理人员的作用。

4. 科学研究人员

高校辅导员是一门应用型的专业，辅导员既要完成自己的工作，又要承担自己的研究任务。新形势下，高校辅导员队伍面临着许多新问题，急需研究和解决。高校辅导员要根据自身专业背景、工作实际，积极开展科研工作，促进高校辅导员工作的科学化、专业化。辅导员通过学习与探索，不断提升自身知识结构的专业技能和实际操作技能，使自己成为一名善于研究、善于学习的辅导员。

（三）高校辅导员专业化发展的学科支持

高校辅导员是一种既有专业知识又有技术含量的专业化工作，具有专门的课程。大学思想政治教育、社会学、高等教育、政治学等学科的建设加强和发展，是高校思想政治工作的重要内容。

1. 思想政治教育的基本理论

大学生思想政治工作是高校辅导员队伍建设的一个重要内容，促进了辅导员队伍的知识化，全面提升了辅导员的综合素质。

在思想政治教育理论和实践不断革新的今天，辅导员工作将从传统的行政管理方式转向新型的思想政治工作，更加重视指导、疏导，实现从消极管理到积极的管理转变。

2. 高等教育的基本知识

高校思想政治工作队伍建设是新形势下高校思想政治工作、深化高等教育改革的需要。在我国高等教育从精英教育走向大众化教育的进程中，要积极应对新形势和新问题，要建设一支高素质、强能力、强作风、掌握现代教育管理和思想政治工作方法、能适应新形势的高质量辅导员队伍。

通过推动高校辅导员的专业化，增强其社会化意识，促进其不断地学习新知识，以提升专业技术、提高工作效率，保障高校学生思想政治工作的顺利开展，促进我国高等教育改革的持续、健康发展。

3. 社会理论

专业教师和辅导员在高校因扮演角色的不同存在差异。而随着教师专业化的需求越来越明显，高校应该重点构建两个体系：一是以专业教师为主，以学生为主体，以学生为核心的科学知识与技能的教育系统；二是以高校辅导员为主体，担负起高校学生思想政治工作和日常事务工作的管理。因此，高校辅导员要区别于专业教师，要有自己的特色和任务。

4. 政治理论

政治社会化在政治生活中具有举足轻重的地位，对政治制度的正常运作发挥了重要的作用。解决高校思想政治工作中存在的问题是实现高校培养目标的关键。一方面，高校辅导员要积极引导学生学习党的路线、方针、政策，加强对学生思想政治教育的培育。另一方面，辅导员在进行社会政治活动和社会实践活动中，培养学生的政治素质和政治情感。辅导员的日常工作离不开对学生的自我价值观念、政治素质、政治态度等方面的教育，对其政治社会化的影响是潜移默化的。辅导员的专业化建设，是大学生政治社会化环境的重要保障。

二、高校辅导员的职业标准和职业资格认证

（一）高校辅导员工作规范

1. 国内认可

我国将继续健全高校辅导员专业化发展的体制框架，充分发挥高校辅导员工作的政策优势，为高校辅导员队伍的持续发展提供强有力的保证。高校辅导员的专业化是一个必然的问题，也是一个科学性的问题。中共中央、国务院印发的《关于进一步加强和改进大学生思想政治教育的意见》和相关文件明确了高校辅导员专业化的目标和要求，并明确了高校辅导员专业化发展的内在逻辑。教育部印发的《普通高等学校辅导员队伍建设规定》对高校辅导员的职责、配备、选聘、培养、管理、考核等进行了细化，并提出了相应的政策措施。

2. 社会认同

高校辅导员存在着对辅导员工作与专业的双重认可。因此，辅导员在完成自己的职业生涯的同时，我们必须对辅导员工作进行重新审视，对其工作给予客观公正的评价，而当前社会对辅导员职业的认同度并不高。高校辅导员是新时期高校培养人才的系统工程，是高校坚持社会主义办学方向，保障学生全面成长成才、维护社会和谐稳定、促进学校改革事业发展、培养各类人才骨干的重要力量，是具有较高社会认可度和社会地位的职业。

3. 制定职业标准并实施资格准入

高校学生思想政治工作是一项与普通教学活动相区别的工作，它对学生的综合素质要求很高。为此，必须建立一套适应新形势下高校辅导员工作的规范，对其进行严格的准入，以选拔出符合时代岗位要求的优秀人才，为推动辅导员队伍专业化打下坚实的基础。首先，要在体制上保证辅导员在职务晋升、职称评定、科学研究等方面享有与高校普通教师同样的地位，并制定相应的政策。其次，根据专业管理的需要，对高校辅导员进行科学、合理的激励和淘汰。

4. 职业素养

高校辅导员的专业化建设主要体现在两个方面：一是提高辅导员的专业素养；二是提高辅导员工作的专业化水平。要达到高校辅导员专业化的目的，需要有学术研究、有学历学位、有专门的工作训练平台。

5. 具有专业道德准则

《普通高等学校辅导员队伍建设规定》立足于辅导员专业发展与专业素质的培养，把辅导员的工作定位为"成长成才人生导师""健康生活的知心朋友"。据此，学校应在深入调研和科学研究的基础上，制定出台规范合理的辅导员职业道德规范，进一步提升辅导员职业素养和辅导员工作规范化水平，使其树立专业理想并获得职业荣誉感。

6. 学科知识和技术体系科学合理

从大学生思想政治教育和辅导员工作的专业角度，构建起这一学科专业的顶层设计。建立各级各类辅导员的培训与研究基地，使高校辅导员队伍专业化、实用化、专家化。同时，要加强高校辅导员队伍建设，建立多层次的学术组织，开展学术交流与研讨，指导辅导员进行学术交流，在工作中反思，在反思中提高工作能力，促进辅导员队伍的专业化建设。

（二）高校辅导员职业资格的认定

职业资格制度是一种被社会认可的，证明该从业者具备从事该职业条件的制度。职业资格制度对从业者所应具备的理论知识、工作技术和能力提出了基本要求，其构成包括两个部分：中心系统和支持系统。中心系统指职业技能的鉴定环节；支持系统是指保障该制度有力实施的法律法规和组织机构。

专业资格分为执业资格与非执业资格两个方面。执业资格是一个专业理论知识、技能的初步标准。执业资格是指政府为具有较大社会责任、具有普遍性和公益性质的专业而设立的准入条件。目前，我国的职业资格认证工作主要是由人力资源和社会保障部等有关部门根据学历、资格考试和职业技能鉴定的方法进行评定，并对合格的人员发放国家职业资格证书。

在辅导员资格认证方面，目前国内还只有一个完整、综合性的职业资格认证制度。高校辅导员的职业资格认证制度应当包括四个部分：职业标准、职业培训、职业鉴定和职业证书。

第一，对我国高校辅导员的专业素质评价体系建设提出了新的要求。科学的专业规范是指伴随着时代的发展、科学的发展而形成的一种新的经济行为与专业行为的内在特性。为此，我国高校辅导员应构建"以专业活动为中心、以专业能力为中心"的新的职业规范体系。

第二，高校辅导员的教育训练体系是以专业标准为依据，以培养辅导员的专业技能为核心的专业技能体系，其课程、教材、设备等应与之配套；其形式包括职前教育、在职培训等；服务对象为预备辅导员和在职辅导员。从实践中可以看出，高校的就业培训已成为绝大多数高校辅导员终身教育与学习的一个重要内容。

第三，在我国高校辅导员的专业技能鉴定体系中，存在着许多问题，其目标是要求具备相应资质的辅导员。他的工作内容主要有考务管理、题库开发、评估测验和评估方法等。此外，职业技能竞赛是近年来出现的一项新的工作，受到了高校辅导员群体的广泛认可。

第四，高校辅导员的职业资格认证制度，其核心是通过劳动市场来确认和运用。《中华人民共和国劳动法》明确规定，技术人员在上岗之前必须经过严格的培训，取得相应的职业资格认证，并取得相应的执业证书。目前，我国高校辅导员的职业资格认证主要是依托于学校和社会对其的认可，没有真正落实到相应的职业资格，今后还需要进一步完善。

三、高校辅导员的生涯评估与生涯发展

高校辅导员专业化发展的大势所趋，要构建专业化的高校辅导员队伍，就需要建立完善的配套制度，以保证其稳定性。高校辅导员的职业评估包括基本素质、工作能力和工作业绩，是实现其专业化、职业化发展的关键。

（一）高校辅导员的专业素质评估

高校辅导员考核内容体系是由国家、社会、高校三方面的责任和工作要求、辅导员工作能力、辅导员工作业绩三个方面构成的的。

1. 辅导员基本素质的评价内容

中共中央、国务院印发的《关于进一步加强和改进大学生思想政治教育的意见》及相关文件规定，辅导员的基本素质为政治强、业务强、纪律严、作风好。本书从思想政治素质、道德素质、理论知识素质、心理素质、人格魅力四个方面进行分析。辅导员的思想政治素质主要体现在：坚持党的基本路线、方

针、政策，具有坚定的政治信仰，自觉地执行党和国家的各项教育方针；善于运用马克思列宁主义与唯物论的辩证法对问题进行分析、处理。辅导员的职业道德素质要求他们对党的教育工作忠于职守，在学校、学院党委的指导下，能够发挥出较大的作用；关心、爱护、了解、尊敬、全方位地关注学生的健康发展，以身作则。辅导员的理论素养是指对马克思主义基础理论知识的掌握；理解和应用教育学的基本理论，对学生的思维、行为进行分析；了解学生的心理行为，了解他们的共同心理。在心理素质方面，辅导员要有良好的意志品质，要有良好的人格意识，要有远大的理想，要有强烈的工作目标和自觉；心胸开阔，对学生所遇到的各类问题，要仔细研究、审慎对待，以宽广的心胸去包容。人格魅力是指辅导员以其高尚的人格、品德和气质影响学生、教育学生、带动学生，在工作中的感召力、影响力、吸引力、凝聚力、人情味和亲和力。

2. 评估辅导员的工作能力

教育部《关于加强高等学校辅导员班主任队伍建设的意见》明确指出，高校辅导员要关心学生，要善于做好大学生的思想政治工作。比如，针对辅导员能力制定了"24字方针"，即会教育、会管理、会教学、会科研、有学问、办实事、能吃苦、讲奉献。

要从八个方面来评估高校辅导员的能力：（1）培养学生的教书育人能力，要有良好的仪态、良好的行为、鲜明的思维、丰富的形式和生动的精神；（2）具有较强的组织和管理能力，对工作的规划有很强的执行力；（3）具有良好的团队合作精神；（4）具有"三困生"帮扶、职业生涯规划、就业指导、创业咨询等技能；（5）具备执行政策的能力，能在指定的时限内完成上级分配的工作，有远见、创新精神；（6）具有调查、研究、发现问题、分析问题、总结规律的能力；（7）语言表达能力，语言简洁、准确，交流流畅，情感投入，因人而异；（8）运用新的工作载体能力，能够运用现代科技手段，如互联网，做到贴近生活、贴近学生。

3. 高校辅导员工作业绩评估指标体系

依照教育部《关于加强高等学校辅导员班主任队伍建设的意见》和高校实际，辅导员要做好的日常工作有：（1）课堂教学和专题教育；（2）开展理想信念、爱国主义、公民道德、素质教；（3）开设人文素质课、党课、形势政策课等课程；（4）职业生涯规划与职业辅导，使大学生的职业生涯规划能更好地进行，大四学生的就业指导工作得到较好的成效，毕业后的就业率也较高；（5）组织结构和功能发挥，党、团、班、学生会等组织结构完善、功能发挥显著；（6）班级集体建设成效显著、宿舍安全卫生状况良好、学生学习氛围较好；（7）帮扶助困，了解贫困学生的基本情况，建立档案、资助流程，帮助贫困学生的工作效率；（8）心理健康教育，掌握大学生的精神卫生状况，为他们提供及时的心理咨询和指导；（9）学风建设，定期进行学风教育，定期跟踪学习，采取了一些措施，效果显著；（10）安全、稳定与日常管理，定期开展安全与纪律教育，妥善处置违章及突发事件；素质测评严格、真实，奖惩公正、公正、公开；（11）大学生志愿服务和社会实践，指导大学生参加社会实践，组织各种社会福利活动；（12）学校的文化和技术创新，学校组织了丰富多彩的文化和社会活动，参加人数较多，鼓励和支持学生参与科技创新活动，如科技文化节、"挑战杯"；（13）信息和宣传，及时掌握和汇报学生的思想动向，注重在各类学生中挑选优秀的学生，校园内外舆论气氛较好。年度考核之前，公布考核的加减分项和标准。

（二）高校辅导员的多元化职业发展

从哲学角度看，辅导员职业生涯的职业历程是一个"质量交互"的过程，它是把辅导员这个独立的社会职业从学校的教师中分离出来，具有"宽度""速度""长度"三个维度。

1.辅导员的工作范围

辅导员的工作范围具有多个维度，即职业发展具有多个方面。从发展的实际情况来看，我国目前有相当数量的辅导员分流到教师、管理干部、校级领导的队伍中，甚至还有一些领导干部担任过辅导员。

2.辅导员职业的发展速度

辅导员的职业发展速度是指其职业发展的快慢，而其发展和成长的速度与其自身的职业发展趋势没有太大的关系。

3.辅导员职业的发展前景

高校辅导员能够在不同的专业方向上实现更大的远景目标，这与其总体的生涯发展规律相一致。

目前，我国高校辅导员的职业发展处于"双肩挑"的状态。一是管理顺序：

从辅导员到团委书记、院（系）党委副书记、党委书记，校党委委员，学校领导的顺序。可以看出，通往管理岗位的路是一条漫长而艰辛的路。二是从助教到讲师、副教授、教授、校长的顺序。辅导员在获取高级职务方面的竞争能力较差。这两条道路的发展具有相同的特点，那就是早期发展比较容易，而到了后面就比较困难了。

参考文献

[1] 宋子浤 . 简明思想政治教育辞典 [M]. 郑州：河南人民出版社，1989.

[2] 池源 . 新时期高校辅导员职业化发展的创新研究 [M]. 北京：冶金工业出版
     社，2020.

[3] 林崇德 . 21 世纪学生发展核心素养研究 [M]. 北京：北京师范大学出版社，
     2016.

[4] 刘海春 . 高校辅导员职业生涯发展教程 [M]. 北京：人民出版社，2009.

[5] 耿乃国 . 高校辅导员工作理论与实务 [M]. 北京：北京师范大学出版社，
     2011.

[6] 骆郁廷 . 论教育者先受教育的规律 [J]. 思想理论教育，2017（12）：85–90.

[7] 杨继平，顾倩 . 大学辅导员胜任力的初步研究 [J]. 山西大学学报（哲学社
     会科学版），2004（6）：56–58.

[8] 石丽琴，梁燕 . 深化新时代思想政治教育规律研究探索高校辅导员核心素
     养发展实践指向：2017 年全国高校辅导员发展专题研讨会综述 [J]. 广西师
     范学院学报（哲学社会科学版），2018（1）：125–158.

[9] 龙晓东 . 评罗杰斯以患者为中心治疗的理论 [J]. 长沙水电师院社会科学学
     报（社会科学版），1996（1）：53–58.

[10] 聂靖 . "三全育人"视角下高校辅导员角色定位及履职路径 [J]. 高校辅导
     员学刊，2018（1）：18–21.

[11] 赵柯 . 相似论在大学生思想政治教育中的实践应用 [J]. 教育理论与实践（学
     科版），2011（36）：2.

[12] 康锦江，杨春江，张化东 . 知识员工的组织承诺及对工作努力度和满意度
     的影响 [J]. 东北大学学报（社会科学版），2004（6）：427–430.

[13] 王禹. 高校辅导员嵌入心理咨询工作的"两难选择"及破解对策 [J]. 山西师范大学学报（社会科学版），2014（S5）：227–228.

[14] 曲建武，吴云志. 着力建设一支专业化职业化的辅导员队伍 [J]. 高校理论战线，2006（9）：39–42.

[15] 冯刚. 论辅导员的专业化培养和职业化发展 [J]. 思想教育研究，2007（11）：13–15.

[16] 于盼. 高校研究型辅导员职业能力建构探究 [J]. 齐鲁师范学院学报，2018（4）：27–31.

[17] 王媛. 新旧动能转换中的高校辅导员职业能力提升方法研究 [J]. 科教导刊，2018（23）：77–78.

[18] 费萍. 高校辅导员能力结构解析 [J]. 重庆科技学院学报（社会科学版），2016（6）：97–99.

[19] 孙海波. 高校辅导员工作所需的核心能力及其培养对策 [J]. 文化学刊，2015（8）：89–90.

[20] 张扬青. 论以人为本的大学管理理念 [J]. 消费导刊，2013（10）：67.

[21] 魏胜. 高校学生管理工作应坚持以人为本 [J]. 教育与职业，2005（3）：22–23.

[22] 杨岚岚. 浅谈"以人为本"的高校学生管理工作理念 [J]. 教育与职业，2013（2）：161–162.

[23] 吕云玲，郭延东. 坚持以人为本的高校学生管理工作方法研究 [J]. 卫生职业教育，2012（16）：13–14.

[24] 许盈. 强化大学生主体意识培养 加快推进和谐校园建设 [J]. 山东农业教育，2007（1）：12–15.

[25] 朱应开. 高校辅导员在"三全育人"大思政格局中的角色定位及履职路径 [J]. 锦州医科大学学报（社会科学版），2020（3）：85–88.

[26] 王彦庆，刘佳鑫. "三全育人"视域下高校辅导员的角色定位与实现路径 [J]. 黑龙江高教研究，2021（11）：143–147.

[27] 王曼菲. "三全育人"理念下高校辅导员角色定位与作用发挥 [J]. 智库时代，2020（37）：108.

[28] 朱燕玲. 基于"三全育人"理念的高校辅导员育人路径研究 [J]. 教育观察，

2020（9）：72-74.

[29] 赵红灿，王增国. 辅导员考评和激励体系构建要注意八个结合 [J]. 江苏高教，2008（3）：99-101.

[30] 罗炎成. 应然、实然、使然：高校辅导员职业化问题探讨 [J]. 西南交通大学学报（社会科学版），2013（1）：104-109.

[31] 曲建武，吴云志. 高校辅导员素质与能力建设问题研究综述 [J]. 高校理论战线，2006（4）：38-42.

[32] 戴胜儒. 以人为本理念在高校辅导员工作中的实践探究 [J]. 陕西教育（高教），2022（4）：65-66.

[33] 谢明洋. 立德树人视域下高校辅导员职业化发展路径 [J]. 人才资源开发，2021（21）：48-51.

[34] 廖慧芝，曾振华. 高校辅导员职业生涯发展研究综述 [J]. 教育观察，2021，10（38）：53-56.

[35] 卫蓓蓓. 高校辅导员职业发展与能力提升探究 [J]. 教育观察，2021（37）：14-16，41.

[36] 申思达. 职业化视角的高校辅导员职业能力发展分析 [J]. 现代交际，2021（17）：143-145.

[37] 田尧，郭曌玙. 高校辅导员职业化发展路径 [J]. 人力资源，2021（14）：40-41.

[38] 孙宏达. 新时代高校辅导员做好大学生就业创业指导工作的实践研究 [J]. 就业与保障，2021（12）：88-89.

[39] 张宗. 辅导员职业化发展途径与思路 [J]. 国际公关，2021（11）：38-39.

[40] 揭英荣. 新时代高校辅导员职业化建设的困境与对策 [J]. 吉林工程技术师范学院学报，2021，37（5）：63-66.

[41] 詹庆文，郭凤玮. 高校辅导高效履行角色职责的途径探索 [J]. 安徽电子信息职业技术学院学报，2021，20（2）：103-106.

[42] 白金刚. 新时代高校辅导员队伍专业化建设研究 [J]. 赤峰学院学报（哲学社会科学版），2021，42（3）：80-83.

[43] 侯莉. 新时代背景下高校辅导员做好学生心理健康教育工作的实践与探索 [J]. 产业与科技论坛，2021，20（4）：277-278.

[44] 程梅 . 论新时代高校辅导员的使命担当及实现路径 [J]. 滁州职业技术学院学报，2020，19（3）：29-32，44.

[45] 李阳 . 高校辅导员工作的探究与实践 [J]. 教育现代化，2020（50）：87-90.

[46] 张南 . 我国民办高校辅导员角色定位研究：以南昌理工学院为例 [D]. 南昌：江西师范大学，2018.

[47] 王昊 . 高校辅导员职业素养研究 [D]. 武汉：华中师范大学，2012.

[48] 吴天昊 . 新时期高校辅导员职业道德培育研究 [D]. 哈尔滨：哈尔滨理工大学，2015.

[49] 何立群 . HT 大学辅导员绩效管理体系设计 [D]. 武汉：华中科技大学 . 2006.

[50] 杨丽萍 . 基于相似论的高校辅导员工作研究 [D]. 成都：西华大学，2018.